U0561215

柳鸣九（1934—2022），湖南人，北京大学西语系毕业。著名人文学者、理论批评家、翻译家、散文家。长期担任中国法国文学研究会会长、名誉会长，被法国巴黎大学定为博士论文专题研究对象，获中国"翻译文化终身成就奖"，被评为中国社会科学院"终身荣誉学部委员"。

柳鸣九以卓有学术胆识著称：早年提出文学"共鸣说"，1978年对苏式意识形态"日丹诺夫论断"揭竿而起，1980年大声疾呼"给萨特以历史地位"，上世纪80年代末提出重新评价左拉及其自然主义，暮年又倡导文学名著翻译新标准"化境"。他在法国文学史研究、理论批评、散文写作、名著翻译、大型丛书编纂等方面均有令人瞩目的建树，著作等身，主要作品已汇集成15卷共计600万字的《柳鸣九文集》。

整理者简介

江胜信，《文汇报》高级记者。中国作协会员。获全国三八红旗手、全国优秀新闻工作者、上海市文化新人、上海市新长征突击手等称号。出版《风景人生》《春深更著花》《讲诗的女先生》等作品，曾获中国新闻奖一等奖、上海新闻奖一等奖、中国报告文学年度十佳等。

·2018 年 11 月 24 日，柳鸣九先生在西西弗书店的书架上看到了由他翻译的加缪名著《局外人》。

·2018 年 11 月 24 日，柳鸣九先生与小友江胜信（本书整理者）在西西弗书店合影。

·2016 年 7 月 7 日，柳鸣九先生前往国家大剧院欣赏慈善音乐会。（江胜信 摄）

· 2016 年 4 月 3 日，柳鸣九先生在明城墙遗址公园踏青赏花。（江胜信 摄）

·2015 年 8 月 20 日，柳鸣九站在居室内的书架前。（江胜信 摄）

· 在萨特墓前留影。（1981 年）

· 20 世纪 80 年代初在西蒙娜·德·波伏瓦的寓所。

· 在北京大学读书期间的柳鸣九。（柳鸣九先生提供）

· 柳鸣九先生手迹原稿

麦场上的遗穗

柳鸣九先生遗著集

柳鸣九
著

江胜信
整理

中国出版集团有限公司

世界图书出版公司
北京　广州　上海　西安

图书在版编目（CIP）数据

麦场上的遗穗：柳鸣九先生遗著集 / 柳鸣九著；江胜信整理. —北京：世界图书出版有限公司北京分公司，2023.10
ISBN 978-7-5232-0545-7

Ⅰ.①麦… Ⅱ.①柳… ②江… Ⅲ.①翻译学—文集 Ⅳ.①H059-53

中国国家版本馆CIP数据核字（2023）第121895号

书　　　名	麦场上的遗穗：柳鸣九先生遗著集
	MAICHANG SHANG DE YISUI
著　　　者	柳鸣九
整 理 者	江胜信
责任编辑	罗明钢
责任校对	张建民
装帧设计	崔欣晔
出版发行	世界图书出版有限公司北京分公司
地　　　址	北京市东城区朝内大街137号
邮　　　编	100010
电　　　话	010-64038355（发行）　　64033507（总编室）
网　　　址	http://www.wpcbj.com.cn
邮　　　箱	wpcbjst@vip.163.com
销　　　售	新华书店
印　　　刷	中煤（北京）印务有限公司
开　　　本	880mm×1230mm　　1/32
印　　　张	8.5
字　　　数	190千字
版　　　次	2023年10月第1版
印　　　次	2023年10月第1次印刷
国际书号	ISBN 978-7-5232-0545-7
定　　　价	69.00元

序一：柳鸣九的麦田遗穗

王蒙

柳鸣九的大名早已贯耳。他是法国文学专家、翻译家，是研究法国包括欧洲文化思想的学者，他的视野宽阔，名闻遐迩。我对他的学术成就只有一知半解，但不乏相当高的敬意。记得在一个场合与他同处，一些学友纷纷被介绍了教授、博导的光环，而对他的介绍，则是他的多少位学生担当了教授与博导。

最后一次拜望柳鸣九兄，是2018年9月2日，地点在他家附近的金桥国际公寓。他常年蜗居的社科院家属楼正在整楼更换老化的水管和电梯，只能暂时移租到公寓。脑梗、帕金森等疾病导致他行动不便、表达不畅，但我知道，他的内心是一片自由生长、生机蓬勃的菜园子。

这之前的七月、八月间，鸣九与我多次电邮往来：他发我新著《种自我的园子》的清样，嘱我写一篇序言。他自谦又自信地写道——

伏尔泰有言："种好自己的园子要紧。"如果按照鲁迅的直译说，应译为："必须种自己的园地。"

我按照自己所面对的情况，译得略有变通。

每个人都有各自的园地。

伏尔泰是法国启蒙主义大思想家，他要种的园子很大，涵括了民族、社稷、国家、民众、民生等等大字眼。我这本书里没有这些大字眼，没有这些大思想感情，仅有与我的家族、我的师长、前辈、亲人、学业、专科、职务、工作经历等等有关的内容。因此，我这个人的园子是再小不过了，但我毕竟从事的是文化工作，其核心是人文主义精神、人道主义精神，这一片精神空间又是广阔无边的。所以，我的园子也算得上是一个大园子。

于是，我看到了他种植的一行行"鲜活的蔬菜"，并欣然作序《柳鸣九的菜园子风光》。

如今又看到了柳鸣九的麦田遗穗。在夕阳之下的无边麦田，遗穗俯身即拾，粒粒饱满，是粮食也是种子。

他予我的几封电邮，也被收集为遗穗。在同一片名为"晚年鸿雁集"的麦畦里，还能拾到他的很多遗穗：给钱理群的信、给李泽厚的信、给刘心武的信、给邵燕祥的信……读者可窥他与老友之间颇有生趣的学人对话。

最大的一片麦畦要数"残穗拾遗"，晚年的鸣九在这里评点都德的《最后一课》等短篇和雨果的《笑面人》等长篇，回望自己在中西文化交流之桥上的忙碌一生，为前辈学人李健吾的译文集作序，为同辈学人许渊冲的获奖贺诗，为晚辈学人黑马、于志斌的新作击节……鸣九记人记事，把自己也摆进去，看得深但不冷峻，拎得清但不刻薄，与笔下人物有共鸣，对他们的心境有探求，对他们的评价有理解有体恤。在鸣九识人论事的文字风景中，我们也看到了他自己的内心风景——丰富而又善良，体贴而又关怀，好奇而又多思，尤其难得的是他的笃诚与朴实。

"从'信达雅'到'化境'"是他新垦的一片麦畦。翻译理论的丛林中，有严复的"信达雅"、鲁迅的"硬译"、傅雷的"神似"，钱锺书的"化境"……鸣九一生致力于翻译实践，晚年又研究起翻译理论，推崇"化境"并在2017年底组织"译道化境论坛"，邀英法德等十余个语种的老中青三代翻译家探讨翻译不同的标准与思路。他本人连写三则译莫泊桑小说的感言（分别为《"化境说"与"添油加醋"》《"化境说"与粉饰》《"化境说"与一字用得其所的力量》）。2018年底，他被授予中国翻译界最高奖——翻译文化终身成就奖，众望所归。

鸣九是一个辛劳的耕耘者。就像他在给我的电邮里说的："视为投身于某种社会事业，致力于个人所宠爱的创造性技艺。具体于我则是为文化大厦添砖加瓦，则是打造一个人文书架，充实一个人文书架，完善一个人文书架。"

安息吧，鸣九兄，你的信念，升华云天，脚踏实地，洁美无瑕。

2023年9月9日

序二：他推动的石块，已在山巅

——柳鸣九先生学术生涯和暮年生活掠影

江胜信

1934年早春，一个重达九斤、哭声冲天的湖南伢儿降生人间。取"鹤鸣于九皋，声闻于天"之意，伢儿得名"柳鸣九"。斗转星移，初生时的能量场并未被光阴销蚀，却依然守恒般围聚着暮年时的柳鸣九，他常常自我勉励："既然上帝给了我这样一份体质财富，那我就要坚守自己的天职。"说这话的时候，他的脖颈儿因数度中风而略微右偏，更显执拗。他认定的天职，便是"一生只为打造一个人文书架"。2022年12月15日凌晨3时40分，尽完天职，88岁的柳鸣九先生驾鹤西归，和萨特、加缪、雨果、莫泊桑等灵魂伴侣会合于九霄。

主人飞走了，水泥地、白粉墙的房间里少了中药香，唯留满室书香，又多了菊花香。保姆小慧在柳先生常年伏案的写字台上，摆了一捧黄白相间的菊花，又平铺上先生不同时期的著述和译作，还有他生前爱听的贝多芬、莫扎特和肖邦的古典音乐CD，靠墙倚放着"中国社会科学院荣誉学部委员""翻译文化终身成就奖""中国图书奖"等奖牌和证书，还支着一个镜框——多年前，作家王蒙邀柳鸣九、朱虹夫妇同赴山东，在中国海洋大学参加活动时有位教授为柳先生摁下了快门。彼时的柳先生以一种半仰的姿势坐着，十指相扣，此刻再看旧照，恍惚觉得他似乎在和天堂中轻盈的自己做着心灵感应："怎么样？这里布置得不错吧！不下来坐坐吗？"

如果灵魂一时摆脱不了曾依附肉身时的惯性，那他一定会下来坐坐的，坐在书桌前虚位以待的椅子上，或者书桌旁的沙发上，这个位子正好对着他打造的人文书架——两个满满当当的书柜。

书柜里陈列着他撰写的《法国文学史》《二十世纪法国文学史观》等史集，《巴黎散记》《名士风流》等散文集，雨果、梅里美、莫泊桑、都德、加缪等的译著。从在北大读三年级时始译都德算起，柳鸣九的勤勉治学长达67年，思想的琼浆汩汩流淌，结晶为50多部或创作或翻译的著作及500多部主编的图书，创造了著作"超"身的学人奇观，同时成就了他作为文艺理论批评家、翻译家、散文家、出版家的权威地位。

"面对着这两个书柜，我总有赏心悦目、沾沾自喜之感。疲惫时，我在这里得到酣畅的休息，恢复了元气；苦恼时，我在这里得以豁然开朗，如释重负；陷入困顿或遭到打击时，我在这里获得温馨的慰藉与安抚；无所事事时，则在这里又获得起步前行的方向。"柳鸣九曾将这里形容为绿洲、家园、疗养胜地、加油站、沉思之亭……而今，它又将是他的俯瞰之地、神游之地。

推石上山的西西弗斯

最早把萨特全面推介给中国读者的柳鸣九，被尊为"中国萨特研究第一人"。渡人之前先渡己，萨特存在主义哲学唤起"80年代新一辈"精神共鸣之前，柳鸣九已拿此检视并"自我选择"了他的存在状态和存在本质，即"我劳作故我在"——父母为使他获得良好教育的艰辛付出、北大求学期间所受的熏陶和师承、西方文学的高山仰止、来自学界的竞争压力、知识分子的文化自觉……这些均不容许他随意处置自己的生命与精力，唯有心无旁骛，辛勤劳作。

所以，柳鸣九是没有退休概念的，更没有躺在功劳簿上吃老本的念头，或者说，他所理解的安享晚年首先得表现为爬格子。当他81岁结集15册600万字《柳鸣九文集》时，他不认为是总结，只当是小结，此后果真又有《回顾自省录》《友人对话录》《种自我的园子》等新著和祖孙合作版《小王子》、增订版《名士风流》推出；当他82岁起在帕金森、糖尿病等旧病之外又添脑梗这一新疾和凶疾，并因一次次中风渐失视力、听力和语言表达能力，他竟然还能利用每次出院和下一次住院的间隙，主编了散文集《本色文丛》第四和第五辑、"国民性人文素质名著函装丛书"之"小绿书"系列、《外国文学名著经典》70种、《思想者自述文丛》8卷、《外国文学名著名译文库》近100种，发起"译道化境论坛"，召集起英、法、德等十余个语种的36位翻译家畅谈翻译新理想，探讨翻译新标准。

"我做的事情不外乎推石上山。"柳鸣九很推崇加缪的《西西弗神话》。西西弗（也可译为"西西弗斯"）惹怒众神，被判处把一块巨石推向山顶，巨石总是离山巅一步之遥时滑脱，西西弗只能周而复始、永不停顿地推石，终于有一天他豁然开悟：征服顶峰的斗争本身足以充实心灵！柳鸣九在"推石上山"的过程中，也享受着每一步进展带来的乐趣。他曾在《柳鸣九文集》首发式上流着热泪致答谢辞："但愿我所推动的石块，若干年过去，经过时光无情的磨损，最后还能留下一颗小石粒，甚至只留下一颗小沙粒，若能如此，也是最大的幸事。"

中国社科院外文所前所长陈众议能读懂柳公谦辞背后的雄心壮志："他不满足于昙花一现般的璀璨和轰动，'让文章流传几十年'成了他的口头禅。而我明白，他内心真正的期望值又何啻几十年？"

这样的谦虚与雄心，一直在柳鸣九身上对立统一着：他自称是"智商水平中等偏下"的"矮个子"，却成为"我国法国文学研究翻译界的领头人"（见"翻译文化终身成就奖"给柳鸣九先生的颁奖词）；他自比"浅水滩上一根脆弱、速朽的芦苇"，但由于"从事的是思想含量比较高的文化工作""必须强迫自己'多思'"，所以他认为自己算得上法国哲学家巴斯喀尔所说的"会思想的芦苇"；他用身患帕金森的颤抖的手，写了两张看似意思相反的字条，贴在卧室里那顶放满药品的橱柜柜门上，一张是："多一本少一本，多一篇少一篇，都那么回事。"另一张是："纵浪大化中，不喜亦不惧，应尽便须尽，无复独多虑。"

谦与狂、悲与欢、退与进成为柳鸣九个性的多棱镜。这并非拧巴，其实是"尽人事，听天命"的洒脱，这使他无暇瞻前顾后，勇于全力以赴。让柳鸣九专注于脚下的精神支点，除了《西西弗神话》，还有伏尔泰在启蒙时代所倡导的"必须耕种自己的园地"（1759年撰写的小说《老实人》文末）。柳先生生前最后一本创作是2018年8月出版的《种自我的园子》，这显然是对伏尔泰相隔两个半世纪的呼应。

柳鸣九的专注和洒脱甚至到了只问耕耘、不问收获的境界——2015年年底，耄耋高龄的他无视体力日衰的现实，开始翻译雨果的鸿篇巨制《悲惨世界》（译成中文将有一百多万字篇幅）。2016年底的中风阻塞了他的视神经，他不听医生和亲人的劝阻，坚持给眼睛动手术，竟然恢复到能看二号字的程度，于是拿起放大镜继续译。然而，好不容易失而复得的视力，竟又因下一次中风而失去。2017年年中，他将已译的5万字郑重交给了比他小20岁的翻译家许钧，请他接着译。期待不用等太久，读者就能读到两代学人接力精译的《悲惨世界》。2018年以后，意识到时日无多的柳先生着手准备最后一本书《麦场上的遗穗》的整理，主体部分集纳了2017年至2019年上半年的创作，它们大都是在病榻上经艰难口授而完成。随着油日尽，灯日枯，该书几度搁浅。辞世前不久，柳先生把已整理一大半的书稿交到我手里。这是一份沉甸甸的托付，我不敢松懈，边整理边和出版社商谈。12月14日，柳先生去世的前一天，亲友们守在床边，我凑近他耳畔大声说："柳先生，我是江首记（我曾任文汇报首席记者，柳先生喜欢喊我"江首记"）。《麦场上的遗穗》我帮您整理得差不多了，很快就会出版送到您手里的。"柳先生紧闭的双眼一下子睁开、睁大，对好消息和对他最信任的小友做着回应。柳先生是在爱的包围中安详离去的。

译好5万字的《悲惨世界》和整理了一大半的《麦场上的遗穗》，就像园子里还未见收成的两畦庄稼，或者就像西西弗推至半途的巨石。但这又有什么要紧呢？栽花闻香，种豆撷果，收成自来。当推石不再成为西西弗心中的苦难，诸神便不再让巨石从山顶滚落下来。柳鸣九推动的石块，已在山巅！

我脑海中浮现我陪柳先生去崇文门国瑞城西西弗书店的情景，那天是2018年11月24日。我后来整理照片时才意识到，这竟是柳先生除了去医院之外的最后一次出门。

戴着老式鸭舌帽、眉发皆白、坐着轮椅，这样一位老人出现在书店是很容易引起注意的。有位读者反复打量后迟疑上前："您是柳鸣九先生吗？"

肯定的回答让安静的书店内波澜骤兴："你看的《小王子》就是爷爷翻译的，快和爷爷照张相。"一位母亲招呼着自己年幼的儿子。"我们读过您的《萨特研究》，能和您合个影吗？"征得同意后，一对从澳大利亚回国的夫妇谦逊地半蹲在柳先生左右与他合影。

在西西弗书店放置欧美文学作品的书架上，静静立着加缪著、柳鸣九译的《局外人》和《鼠疫》。柳先生取下一本《局外人》，用手掌久久摩挲着封面。他并未找到由他主编的《加缪全集》，喃喃自语："应该要有《加缪全集》的。"

离开书店时，他选购了一本2019年日历，封面是两个大大的金字——惜福，与"西西弗"谐音。我念给他听腰封背面的另四个字——推石文化。

从2018年底至2022年底，四年如白驹过隙。日历翻动了时间，却掀不走推石文化。直到今天，它依然和柳先生推动的"石块们"朝夕相伴着呢！

有胆识的"重新评价"专业户

柳鸣九先生生前最后一次被媒体密集聚焦，是因2018年11月19日他被授予中国翻译界最高奖——翻译文化终身成就奖。

柳鸣九将他涉足的领域做了划分：法国文学史研究和文艺理论批评是主业；编书、写散文、翻译是副业。《柳鸣九文集》共15卷，论著占前面12卷，翻译占最后3卷，仅为文集总容量的五分之一，收录的《雨果论文学》《磨坊文札》《莫泊桑短篇小说选》《梅里美小说精华》《小王子》《局外人》等译作均属中短篇或由它们合成的集子，不是绝对意义上的长篇。

柳鸣九坦言对此"深感寒碜"，主业的浩瀚与艰深要求他全身心投入，他"智力平平、精力有限"，只能在译海里"这儿捞一片海藻，那儿拾一只贝壳"。

回过头一清点，译作总字数竟也超过了百万，其中不乏《莫泊桑短篇小说选》《局外人》《小王子》等经得起时间淘沥、一版再版的长销书、畅销书。"翻译家"柳鸣九无心插柳柳成荫，居然凭副科成绩博得了至上的学术荣光。

出版社和读者之所以买他的账，或可归功于主业与副业的相辅相成——把理论研究上细细咂摸、咬文嚼字、不偏不倚的劲头和追求用于文学翻译，或许更容易找到福楼拜所推崇的"一个字用得其所的力量"中那个最恰当的"字"；理论研究须捕捉言外之言、意外之意，将此技能施于文学翻译，或许更容易领会作品的画中之境，弦外之音；也因为他将翻译视作副业，不靠其安身立命，他才能不缚于名缰利锁，自在张开所有的感觉触角，探微文学作品的细枝末叶；还因为他精力有限只有零零碎碎的时间，他干脆在短而精方面发狠劲儿，力求极致。如此说来，主与副只体现为量的主副，而非质的主副。以翻译之质高而赢得中国翻译界最高奖，亦可谓实至名归。

柳先生心思缜密，他揣测这一荣誉"应该不限于对我译作的肯定，也是对我为西方现当代文学译介所做的劳绩的认可"。说到后者，很容易让人联想到由他主编的大部头丛书：《法国二十世纪文学译丛》70卷、《雨果文集》20卷、"外国文学名家精选书系"80卷、《外国文学名著经典》70种、《外国文学名著名译文库》近100种……这惊人的"劳绩"可谓空前绝后，无人能及。社科院荣誉学部委员、理论批评家钱中文曾感叹："柳公以惊人的毅力和智慧，亲自建筑起一座法国文学与世界文学的书城！"

我们在"书城"里遇见了《约翰·克利斯朵夫》《变形记》《局外人》《尤利西斯》《荒原》《追忆似水年华》……年轻读者恐怕想不到的是，这些已在今天得到公认的西方现当代文学经典却曾带着"衰颓""腐朽"的标签，被我们长期拒之门外。第一个冲上去、当众把这些标签给撕了下来的，正是柳鸣九。

筑一座城需要打下坚实的地基，柳鸣九为书城打下的地基便是对文学史的梳理。正确的文学史观是对文学殿堂的擘画，可以科学鉴定哪些作品是梁柱、是砖瓦、是门窗。

柳鸣九先生对法国文学全过程的梳理经历了两步走：一是1972年至1991年完成《法国文学史》三卷本；二是21世纪初完成《法国二十世纪文学史观》上下册。之所以分两步走，是因为他要破除不同的思想禁锢。

走第一步时正值"文革"后期，作为中国社会科学院前身的哲学社会科学部久疲厌战，相对松散。等待发落的柳鸣九萌生了编写法国文学史的念头，并串联起三位搭档：郑克鲁、张英伦和金志平。当时，做业务是"不合法"的，柳鸣九等于是开办了"地下工厂"。他采取的立场也是"出格"的，无视"四人帮"对待文化的"彻底批判论"，而是以马克思、恩格斯对古希腊时期与文艺复兴时期的艺术、启蒙主义文论、19世纪现实主义文学经典的文化历史观为准绳。

"四人帮"垮台之后，各文化单位恢复业务，出版社急于拿出"像样"的学术读物。某些学术权威"涉水太深"，论著因"梁效"色彩无法清除而成了废品；柳鸣九他们怀着反潮流意识写出来的《法国文学史》上册倒是恰逢其时，未做任何修改就顺利出版。这让学界"执牛耳者"李健吾"雀跃欢呼"，有感自己体力已衰，"而他们则胆大心细，把这份重担子挑起来"。

走第二步时，柳鸣九需要先请走"日丹诺夫论断"这尊"神"——20世纪30年代，苏联主管意识形态的领导人日丹诺夫曾做过一个政治报告，认为欧美文化是"反动、腐朽和颓废"的，作品的主人公都是"骗子、流氓、色情狂和娼妓"。"日丹诺夫论断"长期以来主导着苏联的文化领域，也深深地影响着中国对20世纪欧美文学的态度。

对此，柳鸣九不以为然，他深知20世纪文学艺术在规模、分量、深度、价值与意义上，丝毫不逊于马克思、恩格斯见识并称颂过的西欧古典文学艺术。柳鸣九之所以有这样的"知"，缘于他拥有一扇向外部世界眺望的"窗口"，那便是钱锺书、李健吾两位西学大师多年经管的中国社科院外文所书库。柳鸣九回忆道："这个书库所藏的大量外文报纸杂志、图书资料在当时算得上居全国之首，西方现当代文学名著经典应有尽有。多年之中，我几乎每天都在这里流连忘返……"

"只要日丹诺夫论断仍然高悬，我就会丧失一个世纪的学术空间。"柳鸣九生出要揭竿而起的"祸心"与"反骨"。

很快，"有准备的头脑"迎来了机遇。1978年春夏之交，"真理标准"大讨论席卷全国。柳鸣九对"日丹诺夫论断""三箭连发"：一是当年10月，在全国第一次外国文学工作会议上做了"重新评价西方现当代文学的几个问题"主旨发言；二是次年在《外国文学研究》的前三期上连载6万字"檄文"；三是于1979年9月在《外国文学研究集刊》上刊载笔谈。从20世纪之初的反战文学，到稍后的批判现实主义文学、三四十年代的反法西斯文学、抵抗文学，一直到战后的存在主义文学、新现实主义文学、"愤怒青年"文学、"黑色幽默"、荒诞派戏剧以及新小说派……整个20世纪西方文学被"实践检验"而闪耀出的积极意义，在柳鸣九的条分缕析中清晰呈现出完全不同于"日丹诺夫论断"的欣欣景象。

自这次"重新评价西方现当代文学的几个问题"之后，柳鸣九又在20世纪80年代初"重新评价"了萨特和存在主义，在80年代末"重新评价"了左拉和自然主义。既然是"重新评价"，那自然会搅动原有的学术生态。很快，他就碰上了麻烦：对日丹诺夫揭竿而起的次年，便受到了"批日丹诺夫就是要搞臭马列主义"的指责；1982年，也就是《萨特研究》出版之后的第二年，该书被作为"清污"对象而禁止出版，直至1985年才得以解禁、再版重印。这个"重新评价"专业户的学术道路极不平坦。

他不是不懂谨言慎行、明哲保身、韬光养晦之略，也不是没有看到枪打出头鸟、树大招风的实例，那他为什么依然选择"出头"和"招风"？

柳鸣九先生曾对我这个问题做过笔答："我们这一代人几乎都有谨言慎行、求全隐忍的习性，我也不例外。但是有时候为了在学术上，把问题讲得实事求是、讲得明明白白，乃职责所系，有些话就不能不讲，而要讲有时就得有点勇气，简单来说就是一个'胆'字。但光有胆，光追求语不惊人死不休，那是有点危险的，很可能成为一个冒失鬼。你还得有讲话的理论准备，时间、地点、条件的选择，对最坏可能性的估计，采取什么立场，从什么角度，采用什么语言，包括遣词造句，所有这些你都得事先想明白，有冷静的思考，有周密的准备，剩下来的事情才是'大胆地往前走'。我以为这种周详的考虑与准备就是一个'识'字，胆识，胆识，两者缺一不可，我在对日丹诺夫揭竿而起、为萨特挺身而出的这两个问题上，大致就是这么做的，后来果然挨批，不过结果也未出意料，毕竟是到了改革开放时期，'纵然一夜风吹去，只在芦花浅水边'。我反倒赢得了有学术胆识的名声。"

可见，"学术胆识"不光是他的名声，更是他所认为的学人职责，即"有时候为了在学术上，把问题讲得实事求是、讲得明明白白，乃职责所系，有些话就不能不讲"。他守着学人职责，即便到了垂暮之年，当"有些话不能不讲"，他还是能做到有胆有识，这便是对"信达雅"的重新评价。

"信达雅"是《天演论》译者严复于1898年提出的，"求其信，已大难矣！信达而外求其尔雅"。一百多年间，"信达雅"三标准引起多次争论，遭到各种质疑。直译说、意译说、硬译说、信达切、"忠实、通顺、美""自明、信达、透明"……各种新说法欲取而代之。

鲁迅特别强调"信"，主张硬译。鲁迅的精神地位和学术地位，使其倡导的"硬译"二字成为一两代译人心中的译道法典。新中国成立初期的北大教授高名凯把硬译术愚忠似的用到极致，结果被撤了教席，所译的几十本巴尔扎克的书全成了废纸。

"在译界，一方面形成了对'信'的顶礼膜拜，另一方面形成了对'信'的莫名畏惧，在它面前战战兢兢，生怕被人点出'有一点硬伤'。对'信'的绝对盲从，必然造成对'雅'、对'达'的忽略与损害。"

2017年11月12日，柳鸣九在中国大饭店组织了"译道化境论坛"，邀来10多个语种的36位翻译家共同探讨外国文学名著翻译新标准。众翻译家颇为推崇的是钱锺书的"化境"说。

1979年，钱锺书在《林纾的翻译》一文中，提出了"文学翻译的最高标准是'化'"。钱对"化"做出如下解释："把作品从一国文字转变成另一国文字，既能不因语言习惯而露出生硬牵强的痕迹，又能保存原有的风味，那就算得入于'化境'。"他同时也坦陈，"彻底和全部的'化'，是不可实现的理想"。

"化"不可实现却可追求。"其实，如果还原到实践本身，似乎要简单一些。"柳鸣九的方法是，"先把原文攻读下来，对每一个意思、每一个文句、每一个话语都彻底弄懂，对它浅表的意思与深藏的本意都了解得非常透彻，然后，再以准确、贴切、通顺的词汇，以纯正而讲究的修辞学打造出来的文句表达为本国的语言文字。简而言之，翻译就这么回事"。

"讲究的修辞学"，这是柳鸣九颇为看重的，因此他的译文有时被认为是"与原文有所游离，有所增减"，柳鸣九自己对此调侃为"添油加醋"。比如莫泊桑的《月光》之中，有一句若对原文亦步亦趋，应被译为："她们向男人伸着胳膊，张着嘴唇的时候，确实就跟一个陷阱完全一样。"但柳鸣九的译文是:"女人朝男人玉臂张开、朱唇微启之际,岂不就是一个陷阱?"

同样在这篇《月光》里,有几段描写了长老沿着曲折的小河,成排的杨树,走到空旷处,见一片白色的轻雾,给周围镀上一层银辉,面对胜景,他不禁感叹了一句话。这句话若按照"信"的标准来译,那就是"天主为什么要创造出这个",但"这个""那个"这类表述就中文的表达习惯而言显然不够优雅,也完全违背了莫泊桑想把《月光》写成美文的追求,于是,柳鸣九对那句话的翻译是:"天主为什么要创造出眼前的良宵美景?"

在柳鸣九的心里,"添油加醋"并不是一个坏词儿,"把全篇的精神拿准,再决定添油加醋的轻重、力度、分寸与手法,而绝不是随心所欲,为所欲为"。

"高明得多。"支持柳译的翻译家罗新璋不吝赞美之词,"柳译精彩处,在于能师其意而造其语,见出一种'化'的努力。"

(作者为本书整理者,中国作协会员、《文汇报》高级记者)

目 录

二 从"信达雅"到"化境"

一 残穗拾遗

都德短篇小说的风格是他热烈的气质、温和的人生态度、敏锐的感受方式与自己特定的艺术方法所综合决定的产物。他这种散文化但充满了感情与诗意的小说风格，在文学发展过程中具有某种示范意义，它与莫泊桑式的短篇小说相对，提供了另一种小说类型的样本。

——《〈最后一课〉与都德的短篇小说创作》

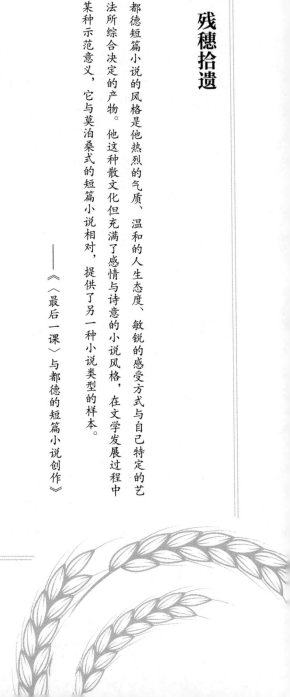

《最后一课》与都德的短篇小说创作

　　长江文艺出版社是闻名已久的文艺类图书出版机构，在我的印象中，他们过去出版的方向不以外国文学为重点，在这方面出版的读物不多。但最近几年，他们在外国文学名著的翻译方面开始有了认真的作为，出手不凡，前两年开始推出了《世界文学名著名译典藏文库》，视野广阔，选题精当，显示出一个严肃认真、有文化学术底蕴、有业务实力的出版社的水平。祝长江文艺出版社的《世界文学名著名译典藏文库》集聚起越来越多有典藏价值的名著名译佳品，成为中国世界优秀文化积累的又一宝库。我很高兴的是，我所译的《都德短篇小说选》就列入了这个文库第一辑，而且是以其中一篇著名爱国主义短篇小说《最后一课》作为全书的书名，显示出了长江文艺出版社编者的思想境界与慧眼。

　　阿尔封斯·都德（Alphonse Daudet），1840年生于法国南部普罗旺斯省斯尼姆城一个丝绸批发商家庭，由于父亲破产，家境困顿，15岁时就被迫辍学谋生，在一所中学里当辅导教员，备受学生的戏弄与同事的轻视，早尝了世道的辛酸，但由此也获得了日后写作其长篇名著《小东西》的经历与感受。都德很早就开始写作，17岁来到巴黎碰运气。1858

年，他的第一部诗集出版。从此，他一面给人当秘书，一面过着清贫的文人生活。经过将近十年的努力，他发表于1866年的短篇集《磨坊文札》终于受到了读者的欢迎，1868年问世的长篇小说《小东西》更使都德获得了较高的文学声誉。1870年，普法战争爆发，都德应征入伍。在战争生活中，他燃起了爱国主义热情并获得了文学创作的新灵感与新题材，由此，他在战后写出了不少爱国主义的名篇，这些著名的短篇大都收集在1873年出版的《月曜日故事集》里。这个短篇小说集与前一个短篇集《磨坊文札》成为都德的主要代表作，奠定了都德在文学史上的地位。此后，都德主要致力于长篇小说以及戏剧的写作，共有十二部作品之多，其中较著名的有《小东西》与《阿莱城的姑娘》，后者被作曲家比才改编为戏剧配乐，根据该戏剧配乐编成的两套组曲成为传世佳作。

在都德毕生的经历中，有两个关系应该特别注意，一是他与故乡普罗旺斯的关系，另一个是他与普法战争的关系。都德本人就是普罗旺斯省人，生于该省的省会尼姆城，17岁才离开家乡去到巴黎，在巴黎文坛奋斗期间，曾不止一次到普罗旺斯省旅行，获取创作题材与灵感，后来，他回到了普罗旺斯省，在乡间一个山坡上，购置了一座老旧的磨坊，在那里潜心写作，他的两个最重要的故事集《磨坊文札》《月曜日故事集》中，将近100篇短篇小说，很大部分都产生于他这个住所，因此普罗旺斯题材在他的创作中，占有显而易见的比重，《磨坊文札》其实就是他的怀乡之作，正如莫泊桑在法国文学中以描写诺曼底景物著称一样，都德则以对南方风情出色的描写而闻名。对于都德来说，普罗旺斯的一切都具有迷人的魅力，如他名为《县长下乡》的短篇所描写的，南国乡野的景色是那么迷人，以至一个忙于事务的俗吏也情不自禁醉倒在

　　麦场上的遗穗——柳鸣九先生遗著集

山林里。都德满怀着亲切眷恋的柔情，用简约的笔触与清丽的色调描绘出一幅幅优美动人的普罗旺斯画面：南方烈日下幽静的山林、铺满了葡萄与橄榄的原野、吕贝龙山上迷人的星空、遍布小山冈的风磨、节日里麦场上的烟火、妇女身上的金十字架与花边衣裙、路上清脆的骡铃声，还有都德他自己那著名的像一只大蝴蝶停在绿油油小山上的磨坊……所有这些极富南方色彩的画面，在法国文学的地方风光画廊里，以其淡雅的风格与深长的韵味而永具艺术生命力。

在其对南方的描绘中，都德更主要地致力于对普罗旺斯性格的发掘与刻画。他欣赏普罗旺斯人身上重感情而不重功利的性格，在他笔下出现了不止一个感情炽烈、任凭感情行事不计后果的人物。在《阿莱城的姑娘》里，主人公让，一个身体健壮、性格开朗的普罗旺斯青年农民，爱上邻近阿莱城一个俏艳的姑娘，他的爱情是那么热烈执着，以至声称如果不娶到她，自己就活不下去，父母只得答应他的婚事。但婚前不久，有人向他家告发了那个姑娘原来是朝三暮四、水性杨花的人，让从此绝口不提她，心里的爱情却仍然炽烈，并为爱情上的创伤感到极大的痛苦。他郁郁寡欢，形单影只。为了不使父母难过，他强作欢颜，终于在过了圣埃洛瓦节狂欢之夜后跳楼自尽。在《波凯尔的驿车》里，那个在邮车上被人嘲笑的磨刀匠，看起来是一个软弱的屠头，实际上是一个极重感情的人物，他不幸娶了一个漂亮而放荡的女人为妻，这个女人几乎每过半年就要与情人私奔一次，不久后又回到他身边请求原谅与宽恕，如此反复，习以为常。磨刀匠为宠爱自己的妻子而长期忍辱负重，终于，他持久的爱被折磨成强烈的恨，这种恨最终导致他制造出一幕震撼人心的惨剧。虽然这类普罗旺斯人在精神上显得有些软弱，但其感情强烈的程度却与司汤达笔下的意大利性格、梅里美作品中的西班牙性格有某些相似之处。正是这种感情至上的性格投合了都德本人感情浓厚、气质热烈的倾向，成为他乐于描写的对象。

都德在发掘普罗旺斯性格的时候，以深深的感情注视着普罗旺斯性格中的淳厚、朴实与天真，并以短篇小说中堪称最佳的艺术形式加以表现，他的《繁星》就是展示这种优美人性的杰作。这个短篇通过普罗旺斯一个牧童的自白，讲述了一个动人的爱情故事：牧童爱慕着田庄主人的女儿斯苔法奈特，但他只能怀着这没有希望的恋情孤独地待在放牧的高山上。使人喜出望外的是，由于偶然的原因，斯苔法奈特来到高山上为他送粮食，并且因为下雨与山洪暴发而不得不在高山牧场上过夜。牧童怀着纯净的柔情，坐怀不乱，与自己心目中的仙女一起度过了一个富有诗意的夜晚，迎来了曙光与黎明。小说像是一首动人的牧歌，表现了优美大自然中的田园生活与爱情，特别是表现了普罗旺斯牧童那真挚的感情与纯净的情操，这种情操给短篇小说带来了清新的气息，使它在世界短篇小说的行列中以其高尚的格调而出类拔萃。另一个短篇《高尼勒师傅的秘密》，也是都德表现普罗旺斯朴实乡风的名篇。小说中的这个乡下磨坊业非常发达，山冈上布满了风磨，大路上驴子成群结队送来周围农村的麦子，磨坊主以葡萄酒款待来磨面粉的农民，完全是一派和平幸福的景象，充满了一种古老宁静的气氛。巴黎人在大路上开起了蒸汽磨面厂后，风磨坊就一家家被挤垮，纷纷倒闭，唯独高尼勒师傅磨坊的风磨仍然继续旋转，坚持与蒸汽磨面厂进行抗争。然而，高尼勒师傅的秘密终于被人发现，原来，他的磨坊里一片凄凉，风翼不停，磨盘却是空转，可怜的高尼勒为了保持磨坊业的荣誉，煞费苦心地制造了他的磨坊仍然兴旺的假象，企图维持人们在精神上对机器面粉厂的抵制。周围的农民有感于高尼勒的苦衷，为了照顾他的感情，又纷纷把麦子送到他的磨坊里来。高尼勒死后，普罗旺斯乡下这最后一家磨坊的风翼也就停止了转动。短篇表现了普罗旺斯农村人与人关系中前资本主义性的淳朴与和谐，也反映了资本主义关系侵入普罗旺斯地区时，传统的精神与习俗中所产生的一种无能为力的敌对状态。从这里，既可以看到普罗旺斯过去的人情习俗，也可以看到社会转型时期普罗旺斯性格的反应。整篇小说以缅怀的、哀而不伤的笔调写成，是一曲对普罗旺斯旧日淳朴风俗的轻淡的挽歌。虽然普罗旺斯古朴的人情属于过去的时代，但都德却赋予它某种诗意，把它与巴黎文明对立起来，流露了他对资本主义关系的不满。

都德在短篇小说创作中，还从自己作为一个作家的职业、经验与感受中汲取灵感，写出了一批以作家文人生活为题材的小说。《赛甘先生的山羊》是一篇结合着诗情画意的描绘、机智绝妙的反讽与深刻隽永的意味的故事。赛甘先生多次豢养山羊，它们不甘于栏圈里安逸的生活而向往高山上的野趣、自由与新鲜空气，一个个脱逃上山，但每一只山羊最终都成为野狼的食物。作者以貌似玩世不恭的态度与巧妙的反讽语调，用赛甘先生的山羊作为前车之鉴，指出诗人若单凭对阿波罗的忠诚，献身于美的追求与诗韵，而不着眼于现实利益，把才能奉献给资本主义商业文化，就会落得衣衫褴褛、饥肠辘辘的境地，实际上是以沉痛的情怀深深揭示了资本主义社会中文人的悲惨处境。另一个短篇《毕克休的文件包》则是文人悲惨处境的现实描绘。毕克休这位曾蜚声巴黎的大漫画家，双目失明后，生活无着，女儿被送进了孤儿院，自己只求在外省甚至偏僻山区经营小烟摊糊口，为了获得批准，长期奔走于衙门，始终达不到目的，最后落得向人求食的处境。

都德的短篇小说中还有另一引人注意的题材，即对宗教的讽刺。他的《三遍小弥撒》以幽默的笔调细致地描写了圣诞节之夜一个乡间教堂里做弥撒的场面：神父与贵族乡绅的善男信女们，为了赶快享用圣诞晚宴上的佳肴，急不可待草草了事做完了三遍小弥撒。庄严的宗教仪式、神圣的经书、虔诚的祷文与这些人物急切的贪馋丑态形成滑稽可笑的对照，表现出作者绝妙的讽刺才情。短篇《雅尔雅伊来到天主的家里》更是诙谐之至。一个不信宗教、渎神无忌的搬运夫死后来到天堂门口，被耶稣的大弟子、天堂的守门人圣彼得拒之门外，他略施小计居然就混入了天堂。小说里对圣者、对天堂漫画式的描绘妙趣横生，搬运夫雅尔雅伊那种不信神的精神与粗俗但充满活力的神态跃然纸上，带有浓厚的民间气息。特别是他自己因想看热闹的斗牛又被圣者轻而易举骗出了天堂的情节，典型地表现了普罗旺斯性格的特色，是作者的绝妙之笔。

都德生活中另一件大事就是1870年普法战争爆发后，他应征入伍，参加了普法战争。

法国在1830年7月革命以后，是拿破仑第三帝国取得了统治权，拿破仑第三野心勃勃，力图向外扩张，引起了和不止一个邻国的矛盾，其中与普鲁士王国争夺欧洲霸权的矛盾尤为突出，终于在1870年爆发了普法战争，战争以拿破仑第三军队的惨败而告终，普鲁士军队入侵了法国，战争的性质改变了，法国人民燃起了爱国主义热情进行了反侵略斗争。法国作家中，莫泊桑与都德都应征从军参加了战争，战争以法国的惨败而告终，不得不割让阿尔萨斯与洛林两个省份给普鲁士作为战争赔款，都德在战争中的经历与见闻则使他获得了大量战争题材，由此，他在战后写出了不少爱国主义的名篇，这些作品大多都收集在1873年出版的《月曜日故事集》里，这个短篇小说集与前一个短篇集《磨坊文札》，成为都德的主要代表作，都德在文学史上的地位主要就是靠这两个作品集奠定的。

　　都德的短篇小说中最值得重视的正是这组以普法战争为题材的作品，这些短篇广泛流传，脍炙人口，早已成为世界短篇小说文库中的瑰宝。其中最具思想光辉与艺术魅力的巅峰之作就是《最后一课》，它堪称世界文学史上短篇小说中思想性与艺术性结合得最完美的典范，它在短短不到3000字的篇幅里，以法国在普法战争中失败后，将东部的阿尔萨斯与洛林两省割让给普鲁士的历史事件为背景，表现了阿尔萨斯省人民沦为异族统治的悲剧。作者利用短篇小说的特点，以小中见大的艺术手法，在尽可能精炼的艺术形式里容纳了具有重大历史意义的社会题材。他选择了在普鲁士人规定阿尔萨斯省学校里不许再教法文的命令下，一个小学校里学生们上最后一堂法文课的场景，把这一堂课提升到作为向祖国告别仪式的高度，使普法战争悲剧性的结果通过这一堂课表现得鲜明突出。作者采取的角度也十分别出心裁，最后一课庄严而令人心碎的情景是通过一个顽童的感受写出来的。他懵懂无知的状态在最后一课中受到了极大震动，他带有稚气的叙述中所流露出来的丧失祖国的沉重与悲痛，都具有一种感人至深的力量，也加强了作品对异族侵略者的控诉。本篇中的人物形象不止一个，都是以高度传神的白描手法勾画出来的，着笔不多，但给人印象十分深刻，他们在上最后一课时的心理感受，集中地表现了阿尔萨斯人民深厚的爱国主义感情。都德另一个名篇《柏林之围》是与《最后一课》齐名的佳作，同样也以感人的故事、新颖的构思反映了普法战争中法兰西民族的悲剧。儒弗上校原是拿破仑帝国时期的军人，充满了法兰西荣誉感与爱国观念。普法战争一失利，他就中风瘫痪。巴黎被围的困难时期，他在病床上一直生活在法军节节胜利、直捣柏林的幻想中。他的胜利幻想与眼前战败的悲惨现实形成强烈的对照，既表现了这个重病老人天真而热烈的爱国情感，也烘托出巴黎被围的悲剧气氛。在严酷的现实之前，他的幻想必然彻底破灭，而他幻想破灭、终于发现了可怕的现实之日，也就是他生命终止之时。这一不幸的结局使小说具有一种催人泪下的悲剧力量。《小间谍》通过普鲁士人引诱利用无知的小孩出卖消息与情报致使法军大败的故事，表现了多方面的思想内容。既揭露了敌军卑鄙、狡诈与残暴的面目，又描写出法军士兵淳朴的人情；既鞭挞了贪图私利的通敌者，又批判了失足者行为的危害。对不同对象区别对待的态度与对他们做不同描写的艺术效果，反映了作者鲜明的爱憎与通情达理的分寸感，而把误入歧途的无知小孩斯泰纳的悔恨之情，与义勇军全军覆没联系起来加以描写，则表现了作者明确的道德劝诫的意图。值得注意的是，与其说作者在小说里是着力描写斯泰纳误入歧途的经过，不如说是着力塑造他的父亲斯泰纳老爹这个人物。这是一个具有高度的爱国热情与强烈的责任感的法兰西公民的形象，也是一个慈祥的父亲的形象，还是一个恩怨分明的硬汉的形象。他为了报仇雪耻，与强大的敌军进行了殊死的战斗。在作者笔下，这一对父子悲剧故事的感人程度亦不下于儒弗上校。与斯泰纳老爹相似的是另一个短篇《旗手》中的主人公，他同样也是一个文化不高、地位低下的"粗人"，在军队里待了整整20年，也不过得到了一个下级军官的职位，但他在战争失败、全军向普鲁士人缴旗投降的时候，却凭自己的爱国主义勇气与民族荣誉感，敢于面对战胜者进行杀身成仁的反抗。

都德所有这些以普法战争为题材的短篇共有的一个特点是巨大的悲怆性。在这些短篇里，都德都致力于表现各种人物身上的悲剧色彩：小学生失去学祖国语言的权利，老军人梦想昔日的民族荣誉而不可得，老父亲报仇雪耻失败，老旗手进行绝望斗争。这些人物悲剧性的感情与行为决定于法兰西民族的悲剧，是这一大悲剧的组成部分。从这个意义上来说，都德这一组短篇小说不仅丰富地蕴含着他自己深沉的爱国主义热情，而且构成了对普法战争这一民族灾难的悲剧意义的深刻发掘，他所达到的这一意境与高度，是法国文学史上其他任何一个作家都未曾达到的。与此同时，都德又怀着愤慨之情在《一局台球》中揭露了军队上层的腐败、妄自尊大与对战争失败应负的不可饶恕的罪责。士兵们已集合起来在战壕里待命，但司令部里台球游戏玩得正起劲儿，即使敌军已开始了攻击，元帅与将校们仍无动于衷，不下任何命令，致使全军坐以待毙，一局台球打完，全军也遭到了覆没之灾。

在艺术上，都德的短篇小说别具一格，他的风格淡雅柔和，带有浓郁的感情色彩与幽默的情趣，并充满了清新的诗意。都德在自己的短篇小说中，较少地着力于表现生活的纵的发展与起伏，而经常注意描写若干生活横断面的场景。如《一局台球》《毕克休的文件包》等短篇中，构成小说主体部分的，都是被集中加以描写的生活画面，而且画面的线条简明，色彩清淡，结构灵活自由，这就使得作品具有一种散文化的特色，其中有的短篇往往更接近散文随笔。虽然他有一部分作品可称得上典型的"小说""故事"，但故事性并不强，情节大都平淡无奇，绝少具有戏剧性的效果，完全是属于平凡的生活现象。如《最后一课》中的上课、《柏林之围》中儒弗上校的生病，等等，但是，由于这些情节是从日常生活中提炼出来的，并被作者深深地发掘出其中深蕴的含义，因而又具有较高的典型性与动人的情趣。

都德的短篇之所以不以故事情节而以韵味取胜，首先在于他是一个富有诗人气质的小说家，而不是一个以叙述见长的"讲故事的人"，在他身上最强有力的禀能并不是观察与想象，而是感受。他敏锐而细致，即使对普通的日常生活也有自己微妙的感受，在一片南国景色前他会产生欣喜如醉的情绪，由此写出一篇动人的故事（《县长下乡》）。即使是自己回到故乡安顿下来的生活细节，他也从中体会出某种意味而铺陈为一个短篇（《安居》）。正因为他所写出来的都是他亲身感受的，是从他那感情丰富的心灵里渗透出来的，所以他的每一个篇章字里行间都滴着他的感情。这一股股感情、一段段心绪、一种种情愫就成为贯穿于他作品中的气势，将散文化的部件与成分凝结为一个有机的整体，而且也使得作品具有一种诉之于心的力量，使读者感到格外亲切自然，这构成了都德短篇小说的一种重要的魅力。

与文学史上那些或热情奔放，或激昂慷慨，或忧愁抑郁的作家不同，都德在自己短篇中的浓郁感情的形态是柔和温存。他以亲切的眼光去看待现实与人生，因此，他所观察到的、他所表现出来的，就是温存与柔和的图景。在他的艺术视野里，较少有尖锐、激烈的生活与斗争，即使是涉及重大的冲突与矛盾，他往往也是从缓冲的方面去加以把握。如儒弗上校痛失祖国荣誉的悲剧是从小孙女照顾病人的角度表现出来的，法国割让阿尔萨斯省的巨大悲剧仅通过一堂课体现出来。都德以柔和温存的眼光去看待人物，因而，他的人物身上几乎都沐浴着他的温情，即使是对他有所贬责的人物，他也带有几分通情达理的宽厚。他的鞭挞是轻微的，他的讽刺也不辛辣，尽管他感情热烈，但他对人生中世俗的规范与是非标准有时又多少有点超然，因而，他的讽嘲中往往带有几分幽默与温和。毫无疑问，美与善的事物与他柔软的心灵是相投的，他敏锐、细致的感情善于从其中汲取美与善的精髓。这样，他的作品中又往往具有含英咀华的诗意，如《繁星》就是这样一篇杰作。

　　都德短篇小说的风格是他热烈的气质、温和的人生态度、敏锐的感受方式与自己特定的艺术方法所综合决定的产物。他这种散文化但充满了感情与诗意的小说风格，在文学发展过程中具有某种示范意义，它与莫泊桑式的短篇小说相对，提供了另一种小说类型的样本。

　　我负责的这一讲，就讲到这里，请大家指正。谢谢！

2019年3月30日

雨果和他的长篇名著《笑面人》

第一节 雨果的生平与创作道路

雨果于1802年2月26日生于贝尚松，他的父亲布鲁特斯·雨果系平民出身，大革命时期参加革命军，在拿破仑时期曾转战南欧，得过将军头衔。雨果幼年跟随父亲的行旅到过意大利、西班牙，在西班牙开始受小学教育。雨果的母亲是波旁王朝的拥护者，对少年雨果影响颇深。波旁王朝复辟后，雨果的父亲又宣誓效忠新统治者，雨果跟随母亲回到了巴黎。在中学时代，雨果就爱好文学并开始写诗，他在当时波旁王朝的桂冠诗人、贵族浪漫主义作家夏多布里昂的影响之下，立下了这样的志愿："成为夏多布里昂，除此别无他志。"由于其家庭在复辟王朝统治下的政治利害，也由于他母亲的影响，雨果初期的创作有保守甚至反动的倾向，如《读书乐》一诗因辱骂拿破仑是"蹂躏世界的暴君"而获得了官方的奖金。1819年，他与维尼等共同创办《文学保守者》（Le Conservateur littéraire）周刊，公开站在伪古典主义一边。他初期的诗作都在这刊物上发表，后于1822年收集成第一部诗集。这些诗很多都是反对革命、拥护波旁王朝、歌颂保王主义和天主教的，由此，雨果相继两次获得路易十八赐给的年俸。1825年，他被授予荣誉勋章并参加了查理十世的加冕典礼。1826年，他把第一部诗集加以补充，编为《颂歌与吟唱集》出版。在这一时期，雨果还开始写作戏剧和小说，1822年，他与别人合作，写出了模仿英国浪漫主义作家司各特的剧本《阿尔·罗布沙尔》，1823年、1826年，先后发表中篇小说《冰岛凶汉》与《布格—雅加尔》，前者是一篇情节恐怖、充满了荒诞想象的低劣之作，后者以1791年法国殖民地圣多明各黑奴暴动为题材，但思想艺术都不成熟，对贵族人物加以美化，对起义者有所歪曲，流露了青年雨果保守主义信仰的偏见。

查理十世上台后变本加厉的反动使革命危机逐渐酝酿成熟，在自由主义思潮日趋高涨的背景下，雨果的政治态度开始有了转变。1826年，成立于1823年、缺乏明确纲领的浪漫派第一文社解散，雨果与维尼、缪塞、大仲马、诺迪埃另组第二文社，开始明确反对伪古典主义。1827年，他在《铜柱颂》一诗中缅怀了拿破仑时代对欧洲封建君主国家的武功。同年，他又发表了著名的战斗性的浪漫主义宣言《〈克伦威尔〉序》，成为这一运动的领袖。从这一年起一直到1840年，他以丰富的戏剧、诗歌以及小说创作显示出浪漫主义文学的实绩。1828年，浪漫主义戏剧《玛丽蓉·德·洛尔墨》由于批判专制王权而遭到禁演。1829年，他同情和歌颂希腊解放斗争的诗集《东方集》问世，并出版了批判不合理的法律制度的小说《死囚末日记》。1830年，他写作了具有鲜明的反封建思想内容和新颖的浪漫主义艺术手法的《欧那尼》，这个剧本在七月革命前夕初次演出时，浪漫主义与伪古典主义的两派拥护者在剧场进行了激烈的斗争，演出最后得到极大的成功，标志着浪漫主义戏剧对伪古典主义戏剧的胜利，成为法国文学史上的重要事件。

1830年七月革命爆发后，雨果以欢迎的态度写作了情感热烈的颂诗《年轻的法兰西》。1831年他完成了浪漫主义文学中著名的长篇小说《巴黎圣母院》，上演了剧本《玛丽蓉·德·洛尔墨》，发表了抒情诗集《秋叶集》。1832年以后，他相继发表的作品有剧本《国王寻乐》、《留克莱斯·波日雅》（Lucrèce Borgia，1832）、《玛丽·都铎》（1833）、《昂日洛》（Angelo，1835）、《吕伊·布拉斯》（1838），诗集《黄昏之歌》（1835）、《心声集》（1837）、《光与影集》（1840），小说《克洛德·格》（1834）以及杂文《文学与哲学杂论》（Littérature et philosophie mêlées，1834）。七月革命以后这一时期雨果的戏剧与小说作品，充满了强烈的反封建反教会的精神，对旧制度和封建统治阶级激愤的控诉是这些作品的基调。

金融家王朝的建立与巩固，使雨果逐渐在政治上采取了和现实妥协的态度，1841年，他被选为法兰西学院院士，在就职演说中，他虽然称颂了法国大革命，但表示拥护君主立宪制，不赞成共和政体，他1842年出版的游记《莱茵河》（Le Rhin）再次表达了这种立场。1845年，路易—菲利普授予他"法兰西世卿"的称号。这一时期他在文学上的声望有所下降，1843年他以德国中世纪历史为题材的剧本《城堡里的伯爵》上演遭遇失败，浪漫主义戏剧从《欧那尼》开始，经历了十几年的繁荣，至此宣告衰落。1845年后，雨果在文学创作方面比较沉寂，在政治舞台上却很活跃。1848年以前，他一直在君主立宪制与共和政体之间摇摆，巴黎的无产阶级在二月革命中提出推翻七月王朝、建立共和国的口号后，他才坚决站在共和的立场上。他被选为制宪会议的成员，巴黎无产阶级的六月起义中，他对被镇压的起义者抱同情态度。1848年底的总统选举中，他投票支持路易·拿破仑·波拿巴，不久又成为这个野心家的反对派，他是1849年至1851年间国民议会中社会民主派的领袖。1851年路易·波拿巴发动反革命政变，宣布施行帝制，大肆镇压人民，雨果和他的政派发表宣言试图反抗，但遭到失败，政变后的12月11日，他被迫流亡国外。

　　19年的流亡期间，雨果先后居住在比利时的布鲁塞尔和大西洋中英属杰西岛和盖纳西岛，始终对拿破仑三世的独裁政权进行坚决的斗争。1852年他出版了辛辣嘲骂拿破仑三世的小册子《小拿破仑》，并写成了揭露政变过程的《一个罪行的始末》（Histoire d'un crime，1877年发表）。1853年，他"充满革命气势"的政治讽刺诗集《惩罚集》出版。1859年，他拒绝拿破仑三世的"大赦"。在流亡时期，他的其他文学创作有诗集《静观集》（1856）、《历代传说》（1859）、《街头与森林之歌》（Les Chansons des rues et des bois，1865），长篇小说《悲惨世界》（1862）、《海上劳工》（1866）、《笑面人》（1869）以及文艺批评专著《莎士比亚论》（William Shakespeare，1864）。

　　1870年，拿破仑三世垮台，雨果结束了长期流亡生活，凯旋式地回到巴黎，受到巴黎人民的热烈欢迎。普法战争爆发后，他持反战的态度，但普鲁士军队侵入法国、围困巴黎时，他以激昂的爱国主义热情投入斗争，他发表演说鼓舞人民的斗志，他报名参加国民自卫军，捐款铸造抗战的大炮，其中的一尊就以"雨果"命名。1871年2月，他被选为国民议会议员。巴黎公社时期，在布鲁塞尔，他既同情公社又对公社不理解，但公社失败后反革命刽子手大肆进行屠杀时，他挺身而出，保护被迫害的公社社员，宣布开放他在布鲁塞尔的住宅作为他们的避难所，并积极为被判罪的公社社员辩护，争取对他们的赦免。1872年，他刊行了1870年至1871年法国人民艰难时日中写的诗体日记《凶年集》。1877年以后，他完成了四部诗集《当祖父的艺术》（L'Art d'être grand-père，1877），《历代传说》二集、三集（1877—1881），《自由自在的精神》（Les Quatre vents de l'esprit，1882）；两部政论：反对天主教的《教皇》（Le Pape，1878）和批判封建君主权力的《至高的怜悯》（La Pitié suprême，1879）以及一部戏剧《笃尔克玛》（Torquemada，1882）。

1885年，雨果逝世于巴黎，法兰西举国志哀，巴黎举行了规模宏大的葬礼，参加的有巴黎公社的战士和穷苦的人民群众。他被安葬在伟人公墓。

第二节　雨果的历史功绩与学术成就

雨果是人类精神文化领域里真正的伟人，是文学上雄踞时空的王者。在世界诗歌中，他的诗作构成了五彩缤纷的奇观。他上升到了法兰西民族诗人的辉煌高度，他长达几十年的整个诗歌创作道路都紧密地结合着法兰西民族19世纪发展的历史过程，他的诗律为这个民族的每一个脚步打下了永恒的节拍。他也是文学史上最伟大的抒情诗人，人类一切最正常、最自然、最美好的思想与情感，在他的诗里无不得到了酣畅而动人的抒发。他还是文学中罕见的气势宏大的史诗诗人，他以无比广阔的胸怀，拥抱人类的整体存在，以高远的历史视野瞭望与审视人类全部历史过程，献出了诗歌史上绝无仅有的人类史诗鸿篇巨制。他是诗艺之王，其语言的丰富，色彩的灿烂，韵律的多变，格律的严整，至今仍无人出其右。

在小说中，他是唯一能把历史题材与现实题材都处理得有声有色、震撼人心的作家。他小说中丰富的想象，浓烈的色彩，宏大的画面，雄浑的气势，显示出了他某种空前的独创性与首屈一指的浪漫才华。他无疑是世界上怀着最澎湃的激情、最炽热的理想、最充沛的人道主义精神去写小说的小说家，这使他的小说具有了灿烂的光辉与巨大的感染力，而在显示出了这种雄伟绚烂的浪漫风格的同时，他又最注意、也最善于把它与社会历史的必然性与人类现实的课题紧密结合起来，使他的小说永远具有现实的社会意义。尽管在小说领域里，取得最高地位的伟大小说家往往都不是属于雨果这种类型的，但雨果却靠他雄健无比的才力也达到了小说创作的顶峰，足以与世界上专攻小说创作而取得最高成就的最伟大小说家相媲美。

在戏剧上，雨果是一个缺了他欧洲戏剧史就没法写的重要人物。他结束了一个时代也开创了一个时代，是他完成了从古典主义戏剧到浪漫主义戏剧的发展。他亲自策划、组织、统率了使这一历史性变革得以完成的战斗，他提出了理论纲领，树起了宣战的大旗，创作了一大批浪漫剧作，显示了新戏剧流派的丰厚实绩，征服了观众，几乎独占法兰西舞台长达十几年之久。

如果仅把雨果放在文学范围里，即使是在广大无垠的文学空间里，如果只把他评判为文学事业的伟大成功者，评判为精通各种文学技艺的超级大师，那还是很不够的，那势必会大大贬低他。雨果走出了文学。他不仅是伟大的文学家，而且是伟大的社会斗士，像他这种作家兼斗士的伟大人物，在世界文学史上寥若晨星，屈指可数。他是法国文学中自始至终关注着国家民族事务与历史社会现实并尽力参与其中的唯一的人，实际上是紧随着法兰西民族在19世纪的前进步伐。他是四五十年代民主共和左派的领袖人物，在法国政治生活中有过举足轻重的影响，在长期反拿破仑第三专制独裁的斗争中，更成为一面旗帜，一种精神，一个主义，其个人勇气与人格力量已经永垂史册。这种高度是世界上一些在文学领域中取得了最高成就的作家都难以企及的。作为一个伟大的社会斗士，雨果上升到的最高点，是他成为人民的代言人，成为穷人、弱者、妇女、儿童、悲惨受难者的维护者，他对人类献出了崇高的赤诚的博爱之心。他这种博爱，用法国一个著名作家的话来说："像从天堂纷纷飘落的细细露珠，是货真价实的基督教的慈悲。"

从他生前的19世纪，雨果经历了各种新思潮的冲击，但这样一个文学存在的内容实在太丰富太坚实了，分量实在太庞大太厚重了，任何曾强劲一时的思潮与流派均未能动摇雨果屹然不动的地位，一个多世纪漫长的时间也未能削弱雨果的辉煌，磨损雨果的光泽，雨果至今仍是历史长河中一块有千千万万人不断造访的圣地。

第三节 长篇浪漫主义小说名著《笑面人》

雨果于1866年开始《笑面人》（L'Homme qui rit）的创作，1868年完成，次年出版。这部小说采用了非当代生活的异国题材，具有鲜明的浪漫主义艺术风格，在这点上它与《巴黎圣母院》颇为相像，其中虽然也出现了一些历史人物，并以某些历史事实为背景，但作者只不过是在历史小说的框架中放进了传奇的内容和浪漫主义的热情。

小说的故事发生在17世纪末、18世纪初的英国，从詹姆士二世到他的女儿安娜女王统治的这一段时期。1690年1月一个寒冷的黄昏，在一个荒凉的海岸，一伙拐骗、贩卖儿童的歹徒乘上一艘走私船，匆忙逃离英国，他们恶毒地把一个10岁的小男孩扔在岸上，故意让他在这荒无人烟的海边死于寒冷和饥饿。但走私船很快就遇上了风暴，全船沉没之前，这一伙儿童贩子为了忏悔自己的罪过，把被他们所害的这个男孩的来历写在羊皮纸上，连同有关的证明书一起密封在一个葫芦里。原来这个男孩是克朗查理爵士的儿子，是其合法继承人。克朗查理是英国资产阶级革命时期少数赞成共和国的英国上议员之一，查理二世复辟后，他流亡国外，至死不与王权妥协。他去世后，英王詹姆士二世把他仅仅两周岁的孩子出卖给儿童贩子，儿童贩子用手术破坏了孩子的容貌，使他脸面成为畸形，就像戴上了一个笑的面具，让他跟随他们到处流浪，充当他们的小丑，儿童贩子把他叫作格温普兰。

格温普兰被弃在海岸后，经过顽强的努力终于逃出了荒凉的旷野，被一个善良的江湖医生、流浪的卖艺人"熊"收容，同时被收容的还有格温普兰在路上从一个死在雪地里的女乞丐怀里救出来的小女孩。"熊"把他们当作自己的孩子，组成一个流浪家庭，到处卖艺为生。

15年过去，格温普兰与取名为"女神"的女孩都长大成人，他们热烈相爱。1705年，这个流浪家庭来到伦敦卖艺，格温普兰的笑面使全城大为轰动。这时，在海上漂浮了15年的葫芦落到英国皇家海军的手里，官府把格温普兰秘密带进监狱，和关在监狱里多年来唯一幸存的知情人对质。当格温普兰的身份最后被证实后，宫廷的阴谋使格温普兰的命运发生了突然的变化。原来克朗查理爵士另有一个私生子，大卫·弟利·摩瓦爵士，他颇得王室的宠爱，不仅被视为克朗查理的继承人，而且詹姆士二世还把自己的私生女约瑟安娜公爵小姐许配给他。但安娜女王继位后，与自己的妹妹约瑟安娜不和，为了对她进行打击，安娜女王趁机宣布格温普兰为克朗查理的合法继承人，恢复他世袭的爵位和上议员的资格，并命令约瑟安娜与他结婚。格温普兰当晚被送到上议院参加议会讨论，在那里，他发表了一篇激昂慷慨的指责统治阶级的演说，遭到贵族们的嘲笑和侮辱。他痛心之下，放弃了自己的爵位又去寻找他的亲人"熊"和"女神"。但这时，"女神"已经身患重病，奄奄一息。她见到格温普兰后很快就去世，格温普兰在极度悲伤之中也投海结束了自己的生命。

长篇小说的故事情节离奇曲折，有作者丰富的想象和对偶然事件巧妙的编纂，而缺乏生活的实感和令人信服的力量。它只是作者随心所欲的一种手段，用来表现他的主题，对黑暗的社会和腐朽的阶级进行揭发和批判。

雨果把故事放在17世纪英国资产阶级革命之后的社会历史背景下，是有一定用意的。这次革命经过反复的斗争，最后于1688年建立了资产阶级和新贵族联合统治的君主立宪政体。这对广大人民群众来说，只不过是在没有被彻底消灭的封建压迫剥削之上，再加上资本主义的枷锁。雨果在这部小说里力图表现出这一社会现实。他曾经指出，小说又可以叫作《幸福的人剥削不幸的人》，他通过作品中的形象和格温普兰在议院中的演说，勾画了一幅英国资产阶级革命后黑暗的社会图景：老百姓过着悲惨的生活，就像在"没有阳光、没有空气、没有希望"的地牢里一样，"多少无罪的人被定罪"，"残酷的刑罚达到了可怕的程度"，"小姑娘从8岁就开始卖淫"，"到处都是失业"，煤矿工人"拿煤块填满自己的肚子，哄骗饥饿"，"渔人在捕不着鱼的时候拿树皮草根充饥"，贫穷的妇女冻死在雪地里，怀里还抱着婴儿……另一方面则是统治阶级穷奢极欲的生活，"到处都是宴会和狂欢"，"不受限制的权力、独霸的享受"。总之，是"极度的贫贱"与"极度的富贵"的尖锐对立。雨果正确地把前者的根源归之于后者，在小说里深刻地指出"有钱人的幸福是建筑在穷人的痛苦之上的"。他在《议会和它周围的事物》这一卷中，描写了议会所通过的一些议案，一方面是通过决议向广大劳动人民征收形形色色、名目繁多的赋税：人头税、酒税、皮革税、马车税、肥皂税；另一方面则是给女王修缮住所拨款100万英镑，在女王丈夫原有的巨额年俸上，又增加10万英镑。作者通过人物之口提出了这样的指责："你们知道什么人缴纳你们通过的捐税吗？在死亡边缘上挣扎的人。……你们用加深穷人贫困的办法，增加有钱人的财富，拿劳动者的东西赏给游手好闲的人；拿衣不蔽体的人的东西赏给衣食无忧的人；拿穷人的东西赏给王子！"这愤慨的指责构成了《笑面人》批判揭露的主题，作品中的形象描写，都是从属于这个主题的。

在雨果看来，他所描写的这个社会之所以黑暗、不合理，是因为社会的"建筑物的结构不好"，而其根子就是革命之后仍然保留了国王和贵族阶级。他以讽刺的笔调叙述了资产阶级革命后1660年斯图亚特王朝的复辟，揭露复辟势力对共和分子的残酷镇压。虽然在这之后又发生了1688年政变，建立了资产阶级与新贵族的联合统治，但雨果在小说里并没有赋予它以特殊的意义，而是以作品全部艺术形象的力量集中批判仍然被保存下来的封建阶级。在小说里，查理二世是"一个无赖"，詹姆士二世是"一个坏蛋"，贩卖儿童、把小孩变成畸形人这一伤天害理的罪恶活动就是这些君王所默许和支持的，因为"宫廷需要畸形人"，还"需要这种行业维护王权"。雨果在小说中让他的人物这样质问道："要国王有什么用？你们把王族这个寄生虫喂得饱饱的，你们把这条蛔虫变成一条龙。"

在雨果的笔下，君主立宪制的英国与革命前的英国并没有根本的不同，他特别着意从政治权力、财产关系来表现贵族阶级在革命后仍享有的特权地位。"熊"虽然对资产阶级革命期间贵族叛逆者流亡国外，所有的财产、房屋和土地全部被扣押的历史表示"大快人心"，然而，他面临的仍然是这样一个现实世界："一个公爵骑马走了120公里，还没有走出自己的产业"；继承了一个爵位，就可以有"8万名家臣和佃农""19个私人法官"，"在自己的领地里差不多就是国王"，"有权在英国设一个有四根柱子的绞架"，而农民在贵族的领地私自打猎，就要被绞死；"爵爷的儿子比天生的子民值钱"，一个爵士的复位就能构成国家政治生活的一件大事。雨果把这一切作为不合理的社会现象表现出来，他让"熊"这个对现实采取嘲讽态度的人物一针见血地指出：这些贵族之所以享有这些特权，仅仅是因为他们在生出娘胎时出过一次力，他们与常人不相同的"蓝色的血液"得到了"一个在摇篮里就能统治别人的命运"。在小说里，雨果还勾画了贵族人物丑恶的肖像，这里有大卫·弟利·摩瓦爵士这种花花公子的典型，他"把恶习发展到优雅的程度"，"在华丽、浪费和力求新奇方面，谁也比不上他"。他挥霍浪费，整天忙于无聊的游乐，但由于"巴结奉承或者盛气凌人都做得恰

　麦场上的遗穗——柳鸣九先生遗著集

到好处"，"善于观察国王的喜怒哀乐"而成了宫廷的宠臣。这里有约瑟安娜这样骄奢淫逸、专横任性的贵族小姐，她"外表规规矩矩"，"下面却藏着邪恶"，她是天主教徒，但为了欺骗平民，却又假装信奉新教；她与大卫·弟利·摩瓦两人都迟迟不结婚，实际上是为了各自放荡生活的方便，她在奢靡绮丽的生活中过腻了，为了追求新奇的刺激，竟到街头去引诱卖艺的小丑。议会中那一大群锦衣玉食、气势显赫的贵族议员，他们一个个无不脑满肠肥，虚伪无耻，面目可憎。还有贵族阶级特殊的产物，像毒蛇一样的柏基弗德罗，他是安娜女王的走狗、卑鄙无耻的密探，专为宫廷中的勾心斗角、阴谋诡计服务。正是这些人物造成了作品中那种到处都是绞架、秘密逮捕、酷刑、对人民无端加以迫害的悲惨生活。雨果通过这些描写揭露了贵族阶级的丑恶、糜烂、"比狼更像狼"。他在前言里说明这部小说所要描写的就是贵族阶级，可见他把批判这一腐朽的阶级作为自己的主要任务。他在作品中明确地表示，贵族阶级已经完全过时，应该"把它埋葬起来"，在这个意义上，他的小说是对英国资产阶级革命不彻底的恶劣后果的揭露和对保存着封建残余的君主立宪政体的批判，再一次表现了他的共和主义的政治立场。

　　小说中的正面形象是格温普兰、"熊"和"女神"。雨果在格温普兰身上制造了矛盾的两重性，从血统上来说，他是贵族，从经历上来说，则是苦难的人民。他从小就沦为奴隶，在苦难中长大，在广漠的大地上见证和经历了人民的苦难，与人民有不可分离的血肉关系。因此，他虽是贵族的后代，却是人民的儿子，虽然面貌丑怪，但内心很美，具有人民的优秀品性。当他还是一个小奴隶的时候，在逃生的路上却不顾自己的生死，勇敢地救助另一个孩子；他长大成人之后，"只做好事"；他忠于对"女神"的纯洁爱情，抗拒了公爵小姐的引诱；他被宣布为爵士后，不与统治阶级同流合污，在议会里充当了人民的代表，最后又宁愿抛弃自己的爵位，回到与自己多年共患难的亲人身边。雨果把浓重的传奇色彩涂在这个人物身上：国王把他推进火坑，他却成了人民之子；宫廷把他当作工具，推上权力的高峰，他却担负了人民赋予他的使命。统治阶级眼里的这个小丑成了正义的化身，充当了老百姓的代言人。所有这些描写不乏作者的艺术匠心，但缺少生活的真实，人物这种令人眼花缭乱的命运变迁，显然都是作者为揭露贵族统治阶级而构思出来的。"熊"也是一个动人的形象。他既具有劳动人民的多种技能，又带有流浪文人的特点；他在卖艺为生的同时，行医济世；他表面上恶声恶气，实际上为人善良，宁可自己挨饿，却收养了两个孤儿；他深受黑暗社会的磨难，对它充满了憎恨，雨果在小说里让这个人物扮演了对统治阶级进行冷嘲热讽的角色。"女神"则被描写成天真、纯洁的少女，是作为贵族阶级道德沦丧的对立面而出现的。雨果还在小说里有意安排了一只颇有人性的动物——狼，它是这家穷人的朋友和助手，忠实地为他们拉车服务，"熊"给它取名为"人"，却又经常对它说"你千万不要堕落成人"，雨果通过这一描写对贵族阶级当权的黑暗世道进行了辛辣的讽刺。

《笑面人》以古代异国生活为题材，无疑与当代现实生活的课题没有紧密结合，就其内容的性质来说，还停留在雨果19世纪二三十年代的思想水平，它本该是资产阶级反封建阶段的产物，在无产阶级与资产阶级的矛盾日益尖锐的19世纪60年代，已显得缺少重要的现实意义。这不能不说是雨果创作中结合现实的精神开始衰退的征候。在这部长篇中，雨果在艺术上原有的某些缺点又有了进一步发展，他经常卖弄和炫耀与小说内容没有有机联系的种种知识，夸夸其谈发表大段议论，以此代替对人物的行动和心理做令人信服的描绘分析，这就使得小说显得冗长拖沓，原来雄浑的笔力已经开始出现了某种衰退。

2019年5月

《李健吾译文集》总序

一个刚从大学毕业的青年学子，第一次走上了治学之途，最难忘记的是什么？那就是第一个善待他的人，第一个在尖锐的、审视的、疑惑的、考核的、逼视的众目睽睽之下善待他的人，我与李健吾先生的关系就是这样，我不能说他是我的伯乐，因为，他不是我的直接领导，我也不是一匹纯种良马，我并没有得到他的格外重用，第一天他怎么对我，就定下了以后两人关系的基调，一辈子，至少是一辈子的相互理解、相互善待。在他，是一贯对人的仁义心肠，对后生后辈的热忱与关怀；在我，只不过是懂得青年人对饱学之士的长者应持弟子之礼。就这点感情与互待，我与李健吾先生之间的关系，基本上可以用一个"善"字来概括，我从他那里得到不少教益，拾得不少牙慧。因此，当李健吾的女公子李维永告诉我上海译文出版社将出版《李健吾译文集》要我写一篇序的时候，我几乎是没有什么推辞就答应了。因为，我觉得，为李先生的事情搭一把手，加一点推力，不是别的问题，而是一个做人的原则问题。虽然这个时候，我的视力在大病一场之后，只剩下了百分之三十，虽然对一个视力丧失百分之七十的人来说，写出这样一篇序，其难实在是难于上青天。

李序之难，首先在于其人之大、在于他是翻译界的一个大师级人物，他几乎把法国17世纪的喜剧之王莫里哀的全部文学作品翻译成中文，把法国19世纪的小说巨匠福楼拜的全部小说名著佳作翻译成中文，而且还翻译了世界文学中很多其他的名著。我从初中时代起，也就是20世纪40年代，就有常跑书店、看站书的习惯，在一排排开架书柜前，排列着大量的外国文学作品，就像一个海洋包围着我，这个外国文学译品的海洋，法国作品的大部分几乎都是出自李健吾的译笔，而不是出自傅雷，比如说雨果有一个不太起眼的剧本《宝剑》，就是李健吾译的，他的译笔还跨过法兰西国界，涉猎其他国家的作品，如果我的老年病还没搅乱我的记忆力的话，我记得他还译过苏俄的作品，其劳绩之巨，其声势之浩大，实较傅雷有过之而无不及。按我现在的理解，当时李健吾的世界文化视野要比傅雷大，对外国文学作品、文化学术坚实内涵的敏感度也胜于傅雷，显示出他是研究家型的翻译家，而不是一个单纯的翻译者。至于翻译的技艺而言，窃以为，傅、李两位都是"化派"，我所说的化派之"化"是钱锺书心目中的翻译是一种文字的作品化为另一种文字的作品，而不是直译或硬译，这一点并不奇怪，正好钱锺书与李健吾和傅雷是三位好朋友，20世纪40年代他们都在上海。这个化派如果还有谁的话，那就是译了《吉尔·布拉斯》与《小癞子》的杨绛。在我看来，李健吾所译的《包法利夫人》与《莫里哀全集》都将原作的原汁原味化进了中文译作，和傅雷所译的《巴尔扎克》、杨绛所译的《吉尔·布拉斯》，实为中国翻译的主流译作，是他们构成了中国两三个世纪以来译坛的主流，李健吾不仅译得多，而且译得好，在传达莫里哀与福楼拜的真髓与神貌上，可谓翻译中的极品。

值得注意的是，化派的主将几乎没有一个人没受到过攻击，傅雷的译文被挑出"硬伤很多"，李健吾的经典译作《包法利夫人》被称有"六百个误译"，杨绛因《堂吉诃德》竟被非议为"不懂西班牙文"，这些责难与非议基本上都发生在20世纪50年代以后，发动攻击者一般都是在国外待的时间久，自恃精通该国语言的硬译高手、直译高手。但文化上的结论是需要历史来做出的，这要看读者大众的选择了。

　　《李健吾译文集》的出版是一件大事，它标志着又一次的文化选择，标志着历史时代对又一个重大文化问题做出了新的结论。事物的发展过程、事物的前进过程，是否定之否定，呈螺旋式发展的。

　　我相信，不久以后，中国译界将出现新的重大事件，它将标志着中国译界两种思潮的合流，从目前的人才资源背景来看，这一事件很可能发生在中国的东南方。贫道的预言是否有准，且到那时分解。

2017年6月30日

一部"准小说"式的"反精神自传"

　　弗朗索瓦·齐博先生，我有幸与他曾有过一面之缘，那是我1988年访问巴黎时，在塞利纳故居的一次聚会上。这位闻名全法国的大律师，作为法国塞利纳学会会长、《塞利纳传》的作者兼塞利纳遗嘱的执行人，当然格外引人注意，我在《塞利纳的"城堡"与"圆桌骑士"》（请见拙著《巴黎名士印象记》第217-229页，社科文献出版社，1997年版）一文中，曾记述了对他的印象，在我的心目中，他恐怕要算是塞利纳的"圆桌骑士"中最重要的一位了。在那次聚会后，承他赠送了三大卷的《塞利纳传》，我有关塞利纳的知识大长。后来，我约请老友沈志明为"外国文学名家精选书系"编选一本《塞利纳精选集》，又承齐博先生慨然答应帮助解决有关选题的版权，我们多少也算是老朋友了。

　　不久前，齐博先生又把他所写的第一本"小说"《去他的戒律》送给我，此书已由志明君译成中文，他们两位都希望我对这部作品做点评论。我早已领略过齐博先生丰厚的学识与洗练的文笔，新作一定开卷有益，何况还是老朋友的作品。这是一件义不容辞的事情。

　　齐博先生与译者都把这部作品称之为"小说"，他们的这一归类当然值得尊重。然而，应该考虑到，任何作家在对自己的创作成果进行归类的时候，无不都要受到文学类型截然划定性的限制，而对于接受美学的观念与方式已经相当普遍化的时代里的读者与评论者来说，正如在对作品意蕴与含义的理解上拥有较大的自主性，甚至随意性一样，在对作品形式的划定上，当然也享有相对较大的自由。何况20世纪，在边缘学科纷纷出现的时候，文学中的边缘形式、边缘类别也已不鲜见了，仅以法国当代经典作家杜拉斯一人而言，她的《抵挡太平洋的堤坝》可以说是自传性的小说，《情人》则是小说式的自传，她的《长别离》是典型的电影小说，而她的《广岛之恋》则是内心歌吟式的电影……鉴于以上情况，当我一口气读完齐博先生的新作之后，我首先想说的是，齐博先生的这部作品，似乎是小说，似乎又不完全是小说。

从作品最表层的部分文本来看，它第一个大字就是"我"，这"我"大概要算是文学中最具有多种外衣，最叫人迷惑、捉摸不定的东西了：在卢梭的《忏悔录》里，是写作者原原本本的自我；在龚斯旦的《阿道尔夫》、拉迪盖的《魔鬼附身》、巴赞的《毒蛇在握》里，是"叙述上帝"一定程度的真实投影，是自我或多或少的显现；在勒·萨日的《吉尔·布拉斯》、萨特的《艾罗斯特拉特》、莫狄亚诺的《魔圈》与《暗店街》中，则是叙述上帝所制作出来的"皮影""木偶""蜡人"……在第一类自传作品与第三类自叙式小说中，事情都比较简单，而第二类自传性的小说里，事情却不那么单纯了，在这里，真真伪伪、实实虚虚的程度是很不容易说清楚的，即使做了一番艰苦的历史探秘。至于要把真与伪、虚与实的比例鉴定出来，那更是"难于上青天"了。那么，齐博先生的这部作品是属于哪一类呢？

在《告读者》中，齐博先生告诫读者"甭想来此寻找切身经历的回忆、真实可靠的信念和真切实在的情感"。根据我个人的经验，作者告读者之类的文字不可不信，亦不可全信，尤其对法国作家而言，更是如此。有时，它是某种精辟隽永的哲理或艺术的宣言，有时它是某种起掩护作用的烟幕，有时它是某种玩世不恭的戏言，有时它是展示潇洒风度的辞令，总而言之，也要算是一种艺术，是作者智慧与风格的牛刀小试。果然，在齐博先生上述告诫之后，就是一行典型的塞利纳风格的话语，一行充满了辛辣味足以使人震惊的自虐式的话语："这是一盆杂烩，一块又脏又湿的地盘……是一些词语，混账的词语。"对天马行空的叙述上帝而言，正戏上场之前，加一点"锣鼓"有助于效果，对技艺高超的厨师来说，正餐开始之前上一点开胃酒能引起食欲。齐博先生很是在行。

真正能显示意义，说明问题的，是文本，作品的文本。

如果我们不说这部作品有前后两大截然不同的板块的话，至少可说有两种不同的成分，一种成分是主观倾泄的成分，一种是客观叙事的成分，一种为空灵虚若，一种为实实在在，前一种主要集中于作品的前一部分，后者则主要集中于后一部分。

可以毫不夸张地说，作品的前一部分，相当充分地显示了大手笔的气派，它以卢梭《忏悔录》式的坦诚与力量宣泄内心，倾倒肺腑。这是没有后顾之忧的内心独白，这是旁若无人的喃喃自语，这是严酷无情的自我审视，这是深思凝练的自我鉴定，我们暂且不必说这就是作者原我某种程度的展示，即使只不过是他手中玩偶的自白，也很具有人性心理真实的力度。本来，像这样强烈而急切的自我宣泄，往往容易在语气上形成急促、零乱与下气不接上气，但这里的倾诉从容不迫，洒脱自如而又凝练精辟，再加上文笔的跳跃性，简直就可以说有点散文诗般的风度了。

至于语言格调与语言色彩，则是塞利纳式的，是杂色的，在这里，辛辣的、粗野的、反讽的、夸张的语言随处可见，称自己的食物为"饲料"，骂自己"不是东西"，说自己从小就有"伪善的外表"，"欺骗成为我主要的德行"，说自己处事就像"蹚着泥水"，所有这些似乎的确构成了麻辣烫式的杂烩，然而，有时又不乏优美的文笔："我的生命之树屹立在村庄上空"，"在我头顶上，美丽的新生云彩随风匆匆而过，这些有点儿疯疯癫癫的云彩明天、长久、永远不会回来了"，其明丽景观与怀恋情愫自给人以清新的感受，何况两种风格的语言互为对照更增添了若干魅力与情趣，雨果不是早就说过吗："丑就在美的旁边，畸形靠近优美，丑怪藏在崇高的背后，美与恶并存，光明与黑暗相共……鳅鱼衬托出水仙；地底的小神使天仙显得更美。"（请见拙译《雨果文学论文选》第35页，上海译文出版社，1980年版）

真正使读者耳目一新、引人思索的还是作品中的这个"我"，他骇世惊俗，使人震撼。这是一个"既像天使又像魔鬼"一样的人，生来就有强旺的生存能力，"不畏疾风，不怕酷暑严寒"，还有一番混世的本能，从原始的优点，惯于"竖耳贴门偷听"，"兴趣盎然地窥视世人"，到挺能装傻充愣，不惜"在裤裆里撒尿"，到善于"保持一本正经"，并修炼到了"欺骗"成为"主要德行"的程度，他还深谙"偏爱浑水摸鱼"，"左右逢源，游戏人间，安然处世"之道，还有"长篇大论，信手走笔"的本领，凭这些本事他得以在世间"高歌独唱"，"攀登许多阶梯"，最后占据了一个高台阶。他显然自视为上帝的选民，有蔑视芸芸众生的狂傲，并以世人特别是手下败将的失败为乐。他在现代生活中是一个善攻能守的角色，全身都是"盔甲"，能做到滴水不漏。

这样一个"我"，有《忏悔录》式的坦诚，有从《吉尔·布拉斯》到《茫茫黑夜漫游》中流浪汉主人公的厚颜、自嘲甚至自虐，有尼采式冷峻无情的超人意识，也有现代人欲横流中大鳄般的凶猛与狡黠。这"我"就是这些成分复合而成的，但实在不能说这里写的就是齐博先生之"自我"。因为，在作品里，丝毫也看不出"我"的出身、学历、职业以及若干实在生活，甚至这"我"不像是真实、具体、活生生的人，而只是一些精神特点的集合。不过，齐博先生这样写，也许正是他自己的一种防身术，读者何尝不可以说这"我"不至于丝毫没有齐博先生本人的若干精神基因，只不过他采取了马尔罗《反回忆录》的做法，把自己的某些精神基因写得虚虚实实，极度夸张，真伪难辨而已。因此，如果有读者要把作品的这一部分视为作者的自我精神概述的话，那最多也只能说它是一部"反精神自传"。

作品"实"的部分，基本上是由对少年时期生活的回忆组成。在这里，"虚"的部分中"我"那种有几分怪特、但却颇有磁性的复调没有了，代之的是客观的平实的记叙，张张扬扬的"我"也大为收敛，甚至隐退了，代之的是他的父母亲以及亲友的言行与活动，我们只感到一个老实本分的少年人在旁边为这一切见证。其中，儿童时代跟同伴的顽劣行径，以及在清凉小河旁静观细枝从远处漂来又向远处漂去的闲适时刻，写得甚为生动有趣；自己的长辈亲友在二战期间的民族感情与爱国精神，如婶母因法国战败而自杀，全家因诺曼底反攻而欢庆等等回忆，则很是感人。不过，在作者的回忆中，真正构成一大情结的，还是"敬父情结"，回忆的大部分几乎都是记述自己父亲独特的、为一般人所难以理解的思维方式与行为方式，特别是重点记述父亲对儿女的教育思想与教育方式。作为亲情回忆，作品的这部分使人想起法国20世纪文学中的一部著名的自传性散文式小说、帕尼奥尔的《我父亲的光荣》，这部作品曾被法国评论家列入20世纪下半期三十部最佳作品之一，并被搬上了银幕，文化修养广博精深的齐博先生不会没有读过此作。至于作品重点部分对自己父亲教育方式的记述，则明显地与卢梭的《爱弥儿》颇为相像，其父那种返璞归真、增强磨难"必先劳其筋骨"的教育方式，几乎可说是卢梭教育思想在20世纪的具体运用。

同样，这些回忆虽然写得甚为平实具体，但我们也不能说写的就是作者本人的童年，不过，我深信，在这里，作者的原我的成分肯定会要多得多。至于作品的"虚"与"实"两部分的关系，如果要说看起来似乎有点游离的这两部分其实还有什么内在联系的话，那么可以说正是这种顺乎自然、"必先劳其筋骨"的父训父教，才培育、造就了那个现代生活中的"强者"与芸芸众生中的"超人"，而"我"那种藐视戒律，对社会文明规范有所逆反、有所冒犯的言行方式，正是与反传统教育戒律而行之的家教接轨的。

一个名声显赫的巴黎大律师，在65岁高龄第一次写出一本小说，这是一件颇引人深思的事情。这种在自己的事业中已功成名就而后闯入文学领域的非专业性的作家，在法国并不少见，这是一个国家文化高度发展的社会现象之一，值得去注意与研究，因为，将来的文学史会记载下他们之中佼佼者的名字。对于这些"闯入者"来说，也许有人是为了要在第二领域里再显示自己的能力，建立自己的"又一声誉"，也许有人只是为了消磨时光，以写作自娱，就像陈建功笔下的中国老头以城墙根下唱京剧，或遛鸟、养花一样（《找乐》），但对于我们面前的这位大律师和他的这部作品来说，情况似乎并不如此。

"这玩意儿出自我的肺腑"，这是"非吐不快的胡说八道"，是一本"出气小说"，大律师齐博先生说得好，说到了点子上。是否"胡说八道"，是否"小说"，先可不管，"非吐不快"与"出气"看来是千真万确的。律师是一种特殊的职业。在好莱坞一部关于律师题材的影片中，有这么几句话："在没有定罪之前，任何人都是清白的"，"为打赢官司，律师无所不为……是非曲直，他都无所谓，把法庭变成竞技场"。话虽然讲得不好听，但却道出这是现代社会正常的法律程序赋予律师合法的权利与义务。背负着这种权利与义务进入"竞技场"，无疑是要像斗士一样盔甲护身、面罩遮脸的。数十年如一日，一个灵智敏感、内心丰富的人，定会视此为对自我的束缚与重压，终于有一天，在一股冲劲之下，他跳出自己盔甲的坚壳，像塞利纳作品中的"我"那样痛快地嬉笑怒骂，自嘲自虐，并召唤回少年时期那份清新的感情，讲述起自己深深怀念的那些人、那些事……

这或许就是这部作品产生的心理根由。基于以上的理解，我且把它称为"准小说"式的"反精神自传"。这很可能有臆测妄说之嫌，但谁让我们是生活在接受美学观普及的时代呢？

1998年10月14日

黑马印象记

中国文坛有个黑马，他闯入文坛大概是20世纪80年代初的事，我很早就注意到他，是因为他闯入势头很猛、劲很大很足，奔驰而入的速度很大。看来他很有信心，自名为黑马，世人注意他就是一个"闯入者"，有"黑马"的自我意识，看来对自己的强旺气力，对自己的勇气，毫不低估，一亮名就有一股子与世人较劲、准备对着干、坚持到底的倔劲儿。我对这人一开始就有思想准备，"这小子将来有看头"，果然不久后，我就知道了，他是搞英国文学翻译的，他就是劳伦斯的《查泰莱夫人的情人》的译者。在中国稍有英国文学知识的人都知道劳伦斯是个什么样的作家，他这部名著是怎么样的作品，道貌岸然的正人君子，学识陈旧的冬烘学究，一提到这部作品不是摇头就是不屑于指名，中国的道德化传统，如此历史悠久根深蒂固，他作为译介者岂能不被侧目而视？

在我看来，任何时代，任何社会中都有这么一种人，他在某个方面或某个问题上都有自己独特的观点，在深度上、广度上都与本时代社会一般群体具有不同的认识与视角有所不同，或许要广阔一些、或许要新锐一些、或许要独特深刻一些，他们自己对这种差异性都有比较明确的意识，对于这两者之间的矛盾、摩擦、对立甚至冲突，心里都有一定的准备，并有坚持自己那种与众不同观点的思想准备，有对自己这种必然的命运，采取什么态度、什么立场的原则和规范，我且把社会个体人的这种自我意识与自我追求，称之为"异他性自我意识"，五四新文化运动以后，胡适所提出的"多研究些问题，少谈些'主义'"，陈寅恪所提出的"独立之精神，自由之思想"，就是这种"异他性自我意识"，都属于这个范围，凡是有这种心理特点、性格表征的社会成员，都很容易成为社会一般群体有争议的对象，是世俗大群体侧目而视的眼光所投射的对象，我对这种有"异他性自我意识"的持有者与实践者是另眼相看，倍加赞赏，乐于信崇的。因此，我从黑马闯入文坛最初的日子，就把他列为我的同一类人，只不过，他推荐的劳伦斯及其长篇小说代表作，我所推荐与力挺的是萨特及其自我选择论。我很早就在一个私人场合，称他为"神交已久"的"同道"，他所坚持的独立，他所坚持的独立的精神与原则，他为此而准备的勇气与集聚的力量，都是我把他视为同一类、同一形态中国20世纪知识分子的原因。我有幸为海天出版社主编《本色文丛》后，以弘扬知性散文为方针，很早就有意把黑马作为组稿对象，也来一卷，其实这个时候我根本没有和黑马见过一次面，甚至没有看见过黑马。

　　我第一次看见黑马是在中央编译出版社所召集的纪念梁宗岱诞生一百周年的座谈会上。他比我要年轻二十岁，记得是在座谈会休息的时候，有几个黑发的来宾，在会场外面的旷地上结队溜达，欢声笑语，非常活跃，有的甚至还蹦起来去抓头上的树叶，他们相比我们这一批头发灰白的来宾年轻一些，但其中也有与我同一个研究所的两个满头青丝、相貌清秀的来宾，这个座谈会规格不低，被邀参会者几乎都是外字号的、引人注意的、已在社会上崭露头角的"文化学术才俊"，其中我们所就有三位，一是后来升任外国文学研究所所长的陈众议先生，一是赫赫有名的"傅雷传人"罗新璋，我因为主编了十卷本《盗火者文丛》，其中为梁宗岱先生编选了一本，故也忝列来宾席中。我当时正纳闷，罗新璋是我大学同年级的同窗，年龄上也属于"头发灰白的一辈"，他怎么与年轻有为的一群黑发新锐混得这么熟，熟得就像哥们儿一样。黑马我多看了两眼，因为他显得比那一伙年轻人沉稳一些，也傲气十足一些，我不禁想，此人年纪轻轻的，怎么跟我们这批中年知名学者如同熟友，是谁呀？不知道。我不认识他，我可以问罗新璋，"大名鼎鼎的黑马呀，你们都是学术界的大名人，你怎么不认识他呀"，"大名鼎鼎"这个词语与奉承语式是罗新璋常用的。不过，在我听起来，有时候有点怪味，不必要的时候，也要把我连带挂上一笔，我跟罗新璋是同学同事老朋友，相处时经常听他用这种语式说话，说到"大名鼎鼎者"时总把自己摘了出去，然后才是亦庄亦谐、调侃笑谈的轻松语……我感谢罗新璋使我认识了一个我所看重的新朋友，尤其是他使我日后得以在《本色文丛》这一个文名、才情、业务各有千秋，非常整齐的名士才俊中又多了一个生气勃勃的赵子龙式的人黑马，赵子龙是白马银盔，黑马就是黑马。不管是黑马白马，力量强壮，气势彪悍，强健有力，出人意料，就是好马！

黑马是改革开放后入大学的，而后相继获得文学学士与文学硕士学位，完全是科班出身，书的确念了不少，博古通今，学贯中外，有扎实的书卷功底，难怪一开始就能写出大量的有学养的人文文化随笔，质量上佳，其势如泉眼喷水，一发不可收拾，这是我对他最初的印象，也是我后来约请他加入《本色文丛》雅聚的根据之一。

真没有想到，我的约稿声一出，应声之下，不出两个月，他就交来了厚厚的一卷《书房内外》，篇幅有20万字之多。一个学人，抽屉里有这么多存货的，我是第一次碰见，而且，几乎篇篇珠玑，有学识，有真知灼见，有独特视角，有行云流水般的文笔。他这本书很快就出版了，列于《本色文丛》的第五辑，"机会是给有准备的人"，不过，与其说我提供了一个机会给他，还不如说他给《本色文丛》添光增彩了，给我的"学者散文"浅说提供了一个样板、一个范例。

作为外字号科班出身的黑马，显然对自己事业版图中的"翻译"这一板块有更多的关注，似乎倾注了大力气。他更在意他作为翻译家的身份，他也花费了更多的精力更多的才情去获取翻译家的身份与声誉，并塑就成了一个大翻译家自我形象。学外文的人，搞外国文化工作的人，大多都有这一份精明。在中国懂外文通晓外文的人，在人口比例中，相对比较少，甚至可以说是相当少。懂外文通晓外文经常被人视为文明程度比较高者，知识结构比较新锐者，品位才情比较优异者，常被人另眼相看，"啊，您是学德文的！""您是学法文的！"赞赏羡慕之情溢于言表。如果你是学梵文的，在人们眼里几乎就是一块国宝，评高级职称，被委以国家重点项目，动辄获数十万科研津贴，以致比较容易取得大师的资格，都相对比较快捷。总之，"翻译家"这三个字，是一个闪光的招牌，特别精明的人搞什么研究，什么学术理论，老子就专攻翻译，傅雷就是一个范例。

正因为翻译家在中国是一个令人敬重、令人艳羡的职业，是一种身份高的、知识水平高的标志，在中国趋之若鹜，直往这条道路上奔、直往这个门路钻的人，也就格外多，追求者的人众基数大，在中国被称为翻译家，或自称为翻译家的人也就格外多，想取得此一标签者的社会智慧总量也就格外大。有权位者可以通过权位达到目的，可以通过金钱达到目的，可以通过关系达到目的，"脑子灵光者"可通过弄虚作假、自吹自擂达到目的……

黑马志在成为大翻译家、过硬的翻译家，但不屑于走这些门道和"捷径"。我想，他英国文学硕士的寒窗苦读，恐怕得花十年，他从第一次开始动笔搞翻译，接着在翻译界"为人所知"，到"初步成名"，再到名声贯耳，恐怕至少也得花十年。通观眼前在翻译界已经成名成家的才俊名士大都需要付出这样漫长的一段时光。就我自己而言，我动笔写下第一句译文到有译作出版，还不止花了这么多时间，恐怕二十年还不止。这并不奇怪，不妨看看其他的学科，例如医学，一个青年学子，要成为一个有行医资格的医生，至少经过七八年的医学院本科苦读，人们在社会上看惯了一个"小鲜肉"、一个"小姐姐"一夜之间就成为当红明星的事例，往往看低了一个翻译家成长、出名的艰难性与漫长过程。其实一个严肃的翻译家，一个获得社会承认的翻译名家，必须付出长期的艰苦的精神劳动，因为这个行当本身就要求有广博深厚的知识学养，还需要有充满灵气的高超技艺。这就是这个行业的基本性质，这个行业的铁律。

黑马显然是把翻译作为一项事业，作为一种技艺，而不是作为一个饭碗去经营的，去努力的。他不仅像修行者那样，投身到翻译这个庙宇里来，而且在从事这个行业的名士之中，是不选捷径而选畏途的一人，众所周知，他一开始就抱定了劳伦斯这个作家为他的"专业"。在我看来，这是一种勇气，因为，劳伦斯一直是一个惊世骇俗的作家，在他自己的祖国尚且如此，何况在封建礼教数千年历史的中华古国？黑马选这个作家，就得有一份勇气，就得有一番思想准备，就得有一种抗衡世人侧目而视的自信。终于他站稳了，他挺立了。我想这一番经历与他的精神过程，也许就足以写一本书。以我自己而言，我的一部译稿，被不止一位学界长老称许的译稿，却被一位掌权的长老一压就是十多年才获出版，而且这不是一部萨德的译稿，而是文学伟人雨果的译稿。

作为一个大翻译家，必须有自己独立的精神，而且还必须有足够的劳绩、丰厚的创作成果。黑马作为翻译名家，不仅有自己不避畏途的、坚持自己独立个性的精神，而且，以其鲜明的标志性而立身于译林之中，那就是他与劳伦斯结合为一体。我在朋友圈不止一次发表过这样一个俗不可耐的意见："要成为大翻译家，必须抱抱一个伟大作家的大腿。"意即在选题对象上应该有自己的讲究，有自己的高标准，有自己的高品位，有自己的高艺术追求，一般来说，有自己敢于攀登的高难度，而伟大作家正是这几个高度的体现者，他们的分量必然带来翻译者的分量，他们的思想光芒艺术魅力，必然要分享一部分给译者，他们在文学史上的崇高地位与对世界的深远影响，也都势必给译者的光圈添光生彩。当代翻译家，草婴之译托尔斯泰，汝龙之译契诃夫，郝运、王振孙之译莫泊桑，李文俊之译福克纳，李平沤之译卢梭，都是成功的例子。黑马之专攻劳伦斯也特别令人瞩目。

当然，选定伟大的作家作为自己的对象时，还有一点是重要的，即这位作家必须是"举世公认的""不存在争议的"。同样也有伟大作家之名的18

世纪法国的萨德，你译一译试看，你肯定会要为此付出"代价"，很沉重的"道德名声"的代价，搞得不好，会把自己弄得"污名远扬"。劳伦斯虽然不同于萨德，但毕竟是一个"有争议"的名字，敢于选他为自己大力下功夫的目标，正是黑马的勇气所在，是他作为翻译大家的独特性所在。

黑马不仅选了劳伦斯，而且是专注于劳伦斯，而其劳绩之巨，自然硕大厚实，他独立完成的《劳伦斯文集》，有十二卷之多，窃以为，十二这个数字很值得尊敬。

在中国，丁玲提出"一本书主义"的时期，著有"一本书"就被认为是有成就、有名望的标志，也许在丁玲看来，似乎就有资格翘翘尾巴，讲讲价钱。故"著作等身"，一直成为人文领域中名家才俊可望而难求的褒奖词，而这个黑马翻译一项《劳伦斯文集》就有十二卷之多！在中国，有几个人有十二卷的精神劳动成果呢？要知道《鲁迅全集》也不到十卷呢！以此种简单浅陋的"批评方法"评黑马先生，不知是否得到他本人的首肯，更不知是否会遭到掌握了现代新潮批评方法的博士的窃笑。

我只是想说，黑马是一位把翻译作为一项事业、作为一门学问、作为人类一项高级的艺术、作为一项难度高的精密技术来对待来从事来经营的翻译家，而不是把翻译作为一个饭碗，一个赚钱的门道来经营的。他独特的选题眼光所表现出来的自我选择意识，他毫不动摇，他心无旁骛，他坚定地专注地朝自己选定的畏途努力，所表现出来的信心、自信与勇气，其实就是陈寅恪先生所提倡的自由精神。他在一个单一的选项，创作了十二卷巨量业绩，所表现出来的强度和力度，所有这些使他在高手如林、名家比肩而立的当代译林中，显示出了他的卓越特色。

中国的翻译家，有不少都是文学中的散文随笔作家，我称之为学者散文的创作者。值得注意的是，黑马在这两个身份之外，还是一个著名的小说家，我没有精力也没有时间普查黑马先生在这方面的劳绩，他有一本很著名的小说《混在北京》，小说作者哪怕只写了一本像《混在北京》的作品，也足以获得小说家的身份了。

2019年6月

来读于志斌

　　最近，欣闻老友于志斌将把他的文集《香蜜夜航》付梓出版，我听了非常高兴，他是早应该出他自己的文集了，本来世上就有这么一个说法"近水楼台先得月"。从跑稿子的小编辑干起，刚一出头露脸，接着而来的是各种奖项：文学创作奖、文学翻译奖、鲁迅文学奖、傅雷翻译奖等，即使没有出文集，早在出文集之前，就已经"目空一切""气壮如牛"了……这本来也是世间发展之途的常情，但志斌先生的低调与谦虚使人非常感动，他只是为了中国学术文化的繁荣昌盛，在编辑、编选工作岗位辛勤劳动了半个多世纪，建造了那么多规模惊人的大套丛书，推出了那么多有卓越的人文见识、有个人深切的人生感受、有广博益智的历史学识的一个个个人文集。他用这样一个个郁郁葱葱而又万紫千红的园地，给我们提供了一个广阔的人文主义的空间，他对中华文化的精神贡献善莫大焉！

　　只是在这之后，他才向自己的本职工作岗位告别，带来一个篇幅不大的个人文集，向他心爱的读者行三鞠躬，表示告退，这样一个人，不是一个谦虚的人、克己的人、有责任感的人吗？让我们来读读他的书吧。

在仕途上，在官场中，他是一个有传统作为感的体制内的高管，同时又不失敏锐感，不落后于时代潮流，他穿西装和打领带都比我讲究。在终审《柳鸣九文集》十五卷时，他对同性恋的观点，甚至比我还接近当代开放的先锋人士，对人类现实生活中这个最大的、最规避不了的问题，他又保持了一种有格调、有情志、有兴趣的风度。

文学是人学，先贤时俊皆如是说，照此看来，真正的人才能创作出真正的文学，只有真正的人的精神与思想才创作得出来。而一篇文章，一个有素质的作品，也就当然是有一定素质的人的精神结晶，这大概还可以说是文学与人的二律背反。

志斌先生在我心目中一直就是这么一个有素质的人，有真实分量的人初次一翻这个文集，果然此人不可小觑，那格调、那派头就有点藏龙卧虎的气势，那气势是卞之琳先生身上的莎士比亚气势，是钱锺书先生身上的拉奥孔气势。请看此书的开篇：《"红袖添香夜读书"及其艳福思想》，好一个透出了浓郁香味的《香蜜夜航》。

不难想象，从退休的域林飘出了这样一帘旗号《"红袖添香夜读书"及其艳福思想》，大概是会使路过的世人眼睛一亮的，很不容易的是，以历史学家对"红袖添香"环境、物色的还原以及房屋摆设、家具、书籍内容的叙述，这里都要求有，这里也都无一不有，也都应有尽有，正是在这些简明扼要的叙述说明里，有凡人难以达到的魅力，这本书的难度就在这里，这本书的功力就在这里。全书似乎是把天下所有"红袖添香夜读书"的艳丽尽悉收全，但似乎都是从正史上、诗文集上、书信集中采撷的、精选出的，似乎没有来自野史、稗书、杂书，诗文选择视野之广，内容格调之讲究，要求志斌先生要看很多书，而诗文记叙的历史真实，写景、状物的仿真程度，又要求志斌先生看更多的书。写这本书的人，不是博览群书的人、不是读书破万卷的人，还能是哪种人？不是这种人，不必问津这个行当、不必涉足这个行当，这种人叫历史学家、叫文学史家，他向后世提供了一个个人事业发展与职业选择的铁的法则。传闻他说过这样一句话："年轻人"你没有写出希腊史，就别想当这行当的"头"，别想到这个行业追这个梦。

打开这本书之前，我的确不知道志斌先生拥有如此广博的国学学识，我生平几十年偏居外国文学一隅，虽然市面上热热闹闹，也是世人热心去看看、去逛逛的地方，更是有各种不同文化深厚底蕴、声名卓越的大家与名士出入的所在。习惯于闭门干活，疏于学界来往，造成了我对老友于志斌的孤陋寡闻，该打！该打！

我只笼统地知道他过去是国学文化学术领域中的老劳工，著有大量充满鲜活气息的诗文与散文作品，在文艺界引起佳评美誉，他为中国古典文学作品做过大量的校注、编选整理工作，留下了多种优秀的编选本、校注本、汇编本，为民族优秀文化积累做出了重要的贡献。他长期担任广东深圳海天出版社的领导，不断做出令人刮目而视的劳绩，如大型当代人文主义丛书《本色文丛》，前后将近42种；为中国各项文化事业推出一系列汇集总结的大型套书；为中国各项文化艺术事业都做出了总结与汇编。其规模之大，令人吃惊。于志斌先生在深圳海天出版社所创造的事业，已经成为中国改革开放时期文化学术战线辉煌发展的标志，我为我这位朋友的劳动创造深感骄傲。

在我的心目里，他的劳作已经在中国文学、艺术、学术出版史上刻印下了一个巨大的、正形的人字，就像高尔基所说的"那个人"一样，他即我们所认定的为出版生态造林制氧的那个"深圳制绿人"。

柳鸣九在病中

2020年4月

桥上的人生

　　桥上是观两岸风景的好去处，桥本身也是一派热闹熙攘的景色。作为一名中西文化交流桥上的搬运工，我在桥上忙碌一生，需要的是蚂蚁啃骨头那般执着与勤奋。记得我小时候，常常蹲着看地上忙忙碌碌的蚂蚁，一看就是大半个小时。我看到的蚂蚁都是急急忙忙，跑个不停，到处找吃的，从没有见过一只在慢悠悠地闲庭信步。而它找到块头比较大的一点食物时，那个拼死拼活奋力搬运的劲头实在令人印象深刻。蚂蚁虽小，能把骨头啃下来，靠的就是它的执着与勤奋。

　　学海无涯，任何一门学问都是如此。我从事的学科是法国思想文化，在整个西学中它占有非常重要的比重和地位。在这里，有深沉的人道主义思想、有充满独特个性的艺术创造，足以使我流连忘返。这既是专业的魅力，也是对投入者贡献自我的要求与压力。对这样一个学科专业，我以自己的中等资质不敢懈怠，不能不献出自己全部精力与时间。不过，投入的同时，我怀着热情与愉悦。如果有所收获、有所拓展进而对学科有所助益、对大众有所启迪，其乐更大矣！

　　比如法国文学经典，今天读来依然充满人文主义精神的召唤。在现实生活中，我们依然需要卞福汝主教这样具有崇高人道主义精神与人格力量的教化者，需要马德兰市长这样大公无私、舍己为人、广施仁义的为政者，需要《九三年》中对社会发展进程与人文精神结合的严肃深沉的思考。

具体到文学史、文化史研究，首先要知晓、掌握有关研究对象的大量素材。比如文学史中重要的文学事件、文学思潮和流派、重要作家作品，还有当时的历史、经济、社会、思想文化背景，都需要把握。通过学习获得学问，是第一个阶段。接下来，要对大量客观材料进行研判，有自己的视角和见解。"识"有高下之分，甚至正确与谬误之别。最后，进入运用层面，把自己掌握的课题情况和研识的结论表述得好，把外国的东西加以本土化，结合当前社会的需要阐述得更好、运用得更好。

巴尔扎克曾把自己称为"苦役"，罗丹的《思想者》也是如此。精神劳动者的这份劳力重在创造性、独特性和突破性。我除了要求自己不断劳作，还很注重"产出"尽可能带有创造含量，努力追求学术研究要切实提出问题、解决问题。这一点，我深受其芳同志，何其芳的影响。我信从这一学理，当条件允许时力求身体力行，而且多少做出一些事情。比如1978年对长期约束外国文学领域发展的"日丹诺夫论断"揭竿而起、重新评价萨特及存在主义、重新评价左拉及自然主义、科学评价西方20世纪文学等。它们曾产生较大的文化学术影响，被时间证明起到了积极作用。

在劳作中尽可能从难从重，以求产品扎实，切忌避重就轻，虚而不实。搭顺风车署名、对于不劳而获的"美事"，宜慎戒之，要求自己保持劳动者本色。我主持多卷本书系的编译工作时总要亲自动手，编选一卷或翻译出一卷作为"标本"，至少要提供有新颖的编选视角、有思想闪光点且分量扎实的序言。至于具体编辑工作，更是要亲力亲为。有时丛书体量达到数十卷，也不会违背这一原则。比如"F.20丛书"囊括法国20世纪文学中几乎所有名家名作。我为丛书近70本书写译本序，一支秃笔写了约50万字。

对于为文作评，我也力求有一点新意和创意，尽可能去陈言避套话。在知性上尽可能师法钱锺书、朱光潜、李健吾等前辈学人，纵不能穷历万卷书，总也要达到"及格"水平：言之有理，言之有据，行文时有一两个亮点、一两处深度。天生无"才思敏捷"助我，这样做虽不致有"苦吟"之窘迫，劳作的艰辛还是很有一些的。但每得一篇还过得去的文章，劳动之后的酣畅与愉悦就构成了一种乐趣。这是我生活中最珍视的乐趣。

存在决定本质。本质不是先验性的，而是创造出来、做出来的，是自我选择、自我突破与超越的结果。"我思故我在""我劳故我在"，这种存在方式带给我两书柜的劳绩，好比几根火柴捆绑在一起，多少有了一点硬度。这种存在方式也带给我简朴的生活习性、朴素的人生。活得实在、活得真实，在我看来是整个人生的真谛。我喜欢像罗丹的思想者那样，没有遮掩、没有装点，通过自己的文字，赤着膊臂面对这个世界。这一生不断劳作，我很高兴。

回顾来时路，我做的事情不外乎推石上山。重要的不是结果，而是在不断推石的过程中，享受每一步进展带来的乐趣。但愿我所推动的石块，若干年过去，经过时光无情的磨损，还能留下一颗小石粒，甚至只留下一颗小沙粒。若能如此，也是最大的幸事。

前者呼，后者应，人文领域从来都不是一个取代的领域，而是一个积累的领域。就像莎士比亚并不能取代但丁，而是给人类文化积存增加财富。就像伏尔泰在启蒙时代提出的，"要紧的是耕种我们的园地"——那么，就让我们继续为人类文明添砖加瓦吧！

"国民性人文素质名著函装丛书"总序

　　人是什么？这是一个天问。

　　如果你答曰："乃此""非彼"，那么，何以"乃此"？何以"非彼"？

　　何以做此指谓的？何以做出此一定性的？何以做出此一定格的？何以做出此一定位的？

　　世上人间，虽然不一定每个人都对这个问题有系统的思考，但每一个思想者、哲人都不会放过它，他们思考探索的范围里，"灵魂冒险"的界域里，从不会有这个课题的缺席与漏失。凡有雅趣追求思考终结收获之乐的智者，有志于攀登理性智慧概括的顶峰，有志于高举智慧的巨大火炬，以远射百里之遥的光亮度与入木三分的通透力，照明凡夫俗子群体混沌蒙昧的精神世界，使其智慧明理的机能复苏而醒，凡是这些有大志者，精神先驱、启蒙思想家、明智开导者……新文化的先驱……都曾尝试对"人"提出或准确的定义，或规范的表述，或隽永的格言，或恒久流传的警句，或精辟出彩的箴言……

　　因此，人究竟是什么，究竟是怎样，人该如何、如何？人该怎样、怎样？这个成系列的巨大课题，一直存在于人类这个庞大群体宏伟的精神文明追求历程中，存在于人类可歌可泣的对自然的与对社会阶级阻力所进的斗争中，而其不同内容的思考与结语，往往凝结为名言、警句，或闪光的思绪、出彩的语句……仅以我对思想史粗略的涉猎，至少就见过以下若干例，较为引人注意、更为引人深思的：如20世纪法国著名的思想家、政治家与文学家马尔罗。马尔罗师承16世纪著名哲人巴斯喀尔的"人是被判死刑的囚徒"的哲理，以及他本人所阐发的"人是反抗生之荒诞的行动者"说；如巴斯喀尔的"人是会思想的芦苇"说；笛卡尔的"人是会思考的存在物"说；马克思的"人是不同于蜜蜂的会设计创造的造物者"说；加缪的"人是对荒诞的说'不'的反抗者"哲理；等等。其中马克思的"人作为劳动者"学说，它不仅指出了人的伟大特征在于他会劳动，在于劳动是他社会生活的主要内容，而且他也与世界上其他会劳动甚至会集体劳动的生灵（如蜜蜂）相比，人的劳动成果，几乎无一不是在他进行劳动之前，就已经预设产生于他的脑力劳动中，也就是说人是根据他头脑中的设计蓝图进行劳动的，因而人的劳动实践具有无比的特优性。正是在这种严谨而慧眼独具的科学区别的基础上，马克思、恩格斯建立了他们辉煌的关于人类社会主义——共产主义的学说与理论。

记得还有莎士比亚对人的精彩定语与指谓。那是在他写在著名悲剧《哈姆雷特》第二幕第二场的一段台词中："人类是一件多么了不得的杰作！多么高贵的理性！多么法力无边的能量！多么优美的仪表！多么文雅的举止！言行上像天使！智慧上像天神！宇宙的精华！万物的灵长！"

且慢，容许我在这里稍停片刻，因为我们碰见了莎士比亚！"说不尽的莎士比亚！"何况，我自己的专业学科偏偏就是外国文学，而且还是从翻译雨果的《莎士比亚论》起家的。

　　莎士比亚是人类16世纪人文主义精神的代表人物，固然，他见识过早期资本主义带给人类物质生产与物质生活享受生机勃勃的变化，并作为一个当时代思想者有切身的体验，但他所见识的，毕竟还只是16世纪的欧洲。他开始自己戏剧生涯的地点，是当时著名的伦敦"环球剧场"，他在其门口司门童之职，专为上等观众领置马匹，代收衣帽。但这个当时名盖全球的剧场，若与20世纪美国的"纽约大剧院"、中国长安大街上的"国家大剧院"一比，则真是惨不忍睹，不堪言状：众所周知，纽约大剧院气势辉煌，灯火通明，极尽奢华；北京的国家大剧院则气势宏伟，仅其停车处面积就有一个广场之大，在它们面前，伦敦这家当时号称"世界第一"的剧院，只像几间原始破旧、狭小寒碜的茅草房。

　　16世纪有限的社会条件，人类繁荣发展的初期水平，人类创造能量、牛刀小试的奇效初显，人类巨型劳动规模所带来的初级壮观，已经使得莎士比亚对其"造物主"人类的智慧、能力、业绩、品行、形象、仪容，情不自禁做出如此高度礼赞，如果他能像我们今天这样能体验航天星际邀游、能享受一瞬间异地而在磁悬高速列车的交通服务，他又将对人类做出什么样的礼赞？他又将创造出什么顶级的形容词来形容人？创造出什么顶级的大字眼来指称人？在这方面，人类还有极大的空间，还有极大的自由来设想自己所要建构出来的宏伟奇迹、所能巧设的精妙绝品。要知道，当初上帝用泥巴塑造出来亚当夏娃一男一女两个造物时，他只完成了"创世纪"的开篇，那只是一个原始世界的创造。在这个世界里，他只留下人类最早的一对男女，并未给他们留下什么东西，甚至连一块遮盖布也没有，除了一个光秃秃的苹果。

然后，就让这一对赤裸裸的男女顺其自然，按其能耐，为其所为。

这样就开始有了亚当与夏娃的"创世纪"，这才是历史上真正的"创世纪"，客观现实中真实的"创世纪"，人类实实在在的"创世纪"。

由此说来，是人类自己创造了自己，使自己造就成为"宇宙的精华，万物的灵长"。而其品位有此升华，其能效能达此种程度，足以镇定宇宙，主宰万物，安顿万物，定位万物，就在于亚当夏娃从诞生后一直都在"有所为"，而不是"清静无为"，而且"有所为"的预设性程度越来越高，规模越来越大，通过几千年的长期艰苦努力，终于创造了今天20世纪的人类社会，可以说不仅今天宏伟的人类社会是人"有所作为"创造的奇迹，而且人类本身也是人"有所作为"的直接硕果。

几千年的人类发展史，说复杂确再复杂不过，说简单确也再简单不过，人不断地有所作为，不断地进行有预设、有计划的创造性劳动，人不断地创作出有奇异技能的器物，在人间留下令人惊叹的奇迹——历史奇迹、物质奇迹、人文奇迹（也就不断地优化自己、提升自己）。

这实际上也在一定程度上不断神化了人，使人在某种程度上变成了神人。几千年复杂的人类史，其核心内容、其珍贵意蕴基本上就是如此。由此看来，与人的本质最为有关的、最为紧密结合在一起的、两者合而为一的，简而言之，那便是"行动"，那便是"实践"，那便是"作为"，那便是"有所作为"。

"我思故我在"，这是浓缩到最高端的箴言？显然，也许改为："我有所作为，故我在"，才较为贴切，才较为准确。同样要说"我有所作为，方能为人"，较为相宜。

阐释人为何物，怎么指谓人，阐释何谓人，从来都是以"我思故我在"这一古老的箴言为有力的理论根据，为颠扑不破的真理，两条箴言浑然一体，展示了同一个富有隽永意蕴的哲思，就像一个双胞胎结合在一起，昭示出同一个生命体，应该说，这是坚如磐石的亘古格言，所遇到的一次扎扎实实的挑战、严峻的挑战。

这一挑战不是纯哲学理论上，不是纯思辨性的，它关系全人类的、全民群体的生存与发展，关系于全人类社会生活的正常运作繁荣昌盛。人不可能仅仅以会思想为其生命本质，为其社会特征的，他的生气勃勃，他的完善与长足进步发展，绝不单单靠会思想就能完成的，而同时必须要靠会行动、会劳作、会实践、会有所作为，靠善于作为，善于有大作为才能完成。人类正是靠所有这些，才以智慧凝为现今这个世界，构建出我们眼前这一个物质世界的宏伟景观。如果当初混沌初开之际，两个小泥人一无作为，早早又碰见华夏老头老子庄子，得仿奉其哲理"清静无为"为其立身立人之本，当今的五大洲恐怕至今都还处于茹毛饮血的原始阶段。这是客观事理、凝固不变的发展规律。事无巨细，莫不如此。君不见在俄罗斯作家冈察洛夫名著《奥勃洛莫夫》里，那位思想丰富、善于思考、善于想象、善于构设、会思想的强人，躺在床上睡懒觉，耽于空想、设计一个宏伟蓝图，每到一个关键时刻，他便遇难而退，如此，反反复复，思想，设计，激奋而起，遇难而退，重新躺下……就这样进行整整一个上午，这会思想的高手、能人，最后他终于只完成了一个动作，即：把自己垂在床前的一双脚伸进了他的拖鞋……这便是一个只会思想、不会行动、不会实践，因而实际上无能为力、无所作为的"行动矮子"的可笑形象。

人从能"思"到能"行"，到能"作"能"实践"，这是两大"级别”，两大“层次”。

这不仅仅是能力上的增添，也不仅仅是效应上、影响上的扩增，而且是本质上的飞跃、本质的改变，是人从认识世界而到了以自己对世界的认识、对世界的需求、对世界的愿望、对世界的索求，而在世界中自由地进行实践，从认知世界而上升到改变世界、调控世界、利用世界。这就彻底改变了人与世界的关系，改变了人在客观世界的地位。

因此应该说，从16世纪欧洲文艺复兴初期，人文主义哲人所提出的对于人的观念，到20世纪当今社会的思想、社会活动、改革家对于人的观念与哲理，可见人类的思想向前跨进了一步，与此同时，人类的现状、处境、能量与影响，也发展了一大步，两者相得益彰，两者互相辉映，构成了世界历史与宇宙中最为宏丽的盛景。

就这样，“人以思而在”，“人以行而立”，“以社会实践而发展而昌盛”，这是人类迄今对于自己的全部“思想”存在观，行动、作为“发展观”的全系列哲理理念。在广大的人群中，只有“有思想的人，才能有行动、有实践、有作为”。一个从完成思想到行动，到善于行动善于实践的完整过程的人，就是真正的人、完美的人、伟大的人，他们便是在世界上创造了非凡业绩的人，便是我们简称为“伟人”“名人”的人。他们自述自己从思想到实践到善于实践，最后获得卓越成功的生平，这既是他在自己所属的这个群体，向他的同类同伴、相邻相识者，递出友好的自我“白皮书”，对于这些同类同伴，却是人生的启示录，追求有意的、辉煌人生的宝典。

以上这些理解，便是我们编选、译介这一系列书籍的起因与构思。

2019年11月9日

我心目中的许渊冲先生

——贺许渊冲老"思想者自述文丛"《梦与真》获奖

译绩厚重如山，

译技精妙入微，

毕生辛劳多修炼，

始达此巨匠境界，

不免雄踞傲视学林，

傲然阔步译坛。

柳鸣九

于2018年

"笔会"是我的……

——纪念《文汇报》"笔会"创办70周年

"笔会"是我的母校；

"笔会"是我的起跑线；

"笔会"是我的健身场；

"笔会"是我的反思室；

"笔会"是我的"拿破仑沉思亭"；

"笔会"是我的肄业堂！

祝"笔会"诸君文化活力永存，

把"笔会"培育为全中华社会的绿色氧吧！

柳鸣九

2018年7月19日

自伤打油一戏作

酒肆小酌，

与民同乐。

贤孝儿郎，

同行旁候。

此情此景，

天伦之乐；

一生坎坷，

终成善果。

远胜形影相吊，

虚名远播。

　　2018年正月初五，因见初中同窗老友天锡寄来在长沙闹市同游影像，有感自伤。

二 从『信达雅』到『化境』

中国译道『化境说』具有坚实的哲学基础，具有广泛的人文学科的研究成果做铺垫，『化境说』是中国广泛的传统美学思想的延伸与发展。『化境说』是一个完整的文学翻译理论思想体系，是明确有效的翻译守则，是中国文学翻译事业更进一步达到丰富多彩新景观的有效途径。

——《一个『中国制造』的『学术徽号』——『化境』论坛开幕词》

一个"中国制造"的"学术徽号"

——"化境"论坛开幕词

　　果麦是京城一家有品位、有实力、有学术追求、有大作为意识的文化企业，他们的素质与特点从今天会议的规格与规模即可见全豹之一斑，他们不仅追求保持王牌的售书纪录，而且，也追求企业的学术声誉，力求具有自己的学术理念，为此，他们非常乐于结交学术文化界的朋友，有意识地走专家路线、精英路线。我们译界的一些朋友，特别是法国文学界的这些朋友，十分荣幸地成为他们的合作对象。对此，请允许我代表译界的这些朋友向果麦说一句：我们是有感于心的。

　　不论果麦还是我们，都是一群"搬运工"，一群"摆渡者"。

　　我们一生的时间，几乎都忙乎在两岸隔洋相望的渡口，迎来送往那些络绎不绝的特殊客人——文化使者。或者是忙乎在文化桥梁的两端，搬运着有巨大分量、深邃意义的文化产品，我们要把一件件内容丰富的货物，从桥的那一端搬运到桥的这一端，这项工作劳动强度大、技艺含量高、规范讲究多，经常使我们不堪其重，不堪其累。社会给了我们堂堂正正的称号：一些人为"文化企业家"，一些人为"儒商"，一些人为"翻译家"。我们有责任把有益于本土社会机体与自我精神主体的原汁营养液输送给大众，使其心灵获得灵动活跃的滋润剂；我们有责任为本土的民众带来开阔的精神视野，带来世界各异域各社会形态的历史与现实复制品、真实的画卷与图像，种种临摹的细节，以及人类在各个领域中认知世界、创造精神文明与物质文明的种种思想材料。我们的任务与工作是极其严肃极其认真的、是五光十色的，其作用与影响是极其深远而重大的。

翻译乃文化之要务，经国之大业。对此，现今恐怕没人会不同意，这一直是中国历史上严肃的有识之士的共识，值得注意的是，中国翻译事业的开始，恰巧是与中国人上下求索，寻找强国之道、富国之道开始的启蒙时代。有识之士、有志之士不约而同投身于翻译，几乎就是在同一个时期，即风起云涌的20世纪之初，或者说19世纪与20世纪交接的旧民主主义革命时期。严复的《天演论》产生于这个年代，林纾翻译法国名著《茶花女》也正是这个年代，薄薄的一本言情读物看来似乎只是休闲消遣的玩意儿，但它造成了"洛阳纸贵"的轰动，标志着一个新的时代的开始。来自当时世界上社会形态最先进的大国，第一只燕子飞进了人口占世界四分之一的古国，这个古国苏醒了，开始把眼光投向西方，这不能不说是这个世界上举足轻重的一件大事。

事业的出现，必然要求道路；道路的出现，必然使得事业出现更大的延伸、开拓与发展。严复与林纾正是在投身翻译事业之后提出了翻译工作的三大原则：信、达、雅，这是翻译工作者从事这项工作所必须达到的标准、必须遵守的艺术守则，而世人评论译人译品的时候，必须持信、达、雅三大标尺。总之，信、达、雅三大标尺为中国的翻译事业圈出了第一个宽阔的平台，译人在这个平台上进行译作，文化企业家在这个平台上进行产品的生产，儒商们在这个平台上推销他们的文化产品，读者在这个平台上鉴赏自己的读物，批评家在这个平台上做出自己的评论。总而言之，在翻译事业的各个领域，信、达、雅是最高的原则，是艺术准则，是评论标准，是理想目的地，在它面前所有的人都是信众，都是教徒，都是粉丝，都是追随者，都是赞颂者，它的权威力量是这么巨大，以致从它产生整整有两个世纪以来，中国的文化人、中国的译者与中国的读者，几乎没有人提出任何异议。

对这个至高无上的原则，敢于发出些许不同声音的，也许只有鲁迅。鲁迅在翻译中突出一个"直"字，似乎有特别强调"信"的意味，似乎把"信"与"直"置为至高无上的权威地位上，而"译"的生命线似乎就是"信"与"直"，似乎这两味药就是译道处方中两味大剂量的重头药。人们很容易以为，绝对的"信"在翻译中是绝对的重头成分，甚至强调为唯一成分，也似无不可。

我对鲁迅的硬译说、直译说缺乏研究，我只觉得把"译"与"直"捆绑在一起，就像把它们不可分割性赋予双胞胎式的神圣一体性，而且就像两根捆绑铸合在一起的钢柱，坚硬无比，谁也分不开，跟信、达、雅这个天生浑然一体的三结合颇有分庭抗礼之势，这是我曾经感到困惑的一个问题。因为自己较少搞翻译，更没有去研究翻译理论，所以，没有深思下去，不知自己的疑惑到了何种程度，今天毛着胆子提出来求教于同门同道的师长学长。

鲁迅是我们在精神领域、文化思想领域里伟大的先贤先导，他在精神文化各个领域留下了很多的至理名言，一直对我们的工作具有不同程度的指导作用，精神思想领域以及人文社会学科中都是如此，唯独在翻译领域中，很少看到鲁迅有现实指导意义的名言与论述。

我对鲁迅缺少研究，只有在大二期间浅读过一遍《鲁迅全集》的经历，至今能记起鲁迅关于翻译的高论、创见与名言实在甚少，留存记忆的译文篇章也屈指可数，而精彩经典之作，我也记不得有什么了，被人经常引述，倒是他的"硬译"两个字给了译人们深刻的影响，对译者、对读者的潜移默化则是不在话下。"硬译"，把"硬"与"译"两个字绑在一起，对"译"本身就是一种硬性的规定，一种硬性的法规，指定译的道路，本应就是一种"硬"和"直"，而"译"偏偏又是鲁迅先生的地盘，这不正好像教会在教堂里上帝圣像前设置了一跪垫，其指引性是一清二楚的。因此，鲁迅笔下的"硬译"二字，也就成了一两代译人心里的译道法典，别看它没有带多少译理译法，但它的影响可着实不小呢。硬译的原意、"本意"不外是要"绝对地符合原文"，不论是原文的哪一个语句，都具有神圣不可侵犯权，对每一句原文的全意与局部都不能有任何的偏离，与原文中的语气、语调不能有任何出入，在叙述中，当然不能变动、调整主格与宾格，也不能修改、变动、调整人物的基本态势。

毋庸讳言，在共和国时期，鲁迅的精神地位与学术地位要比新中国成立前的将近半个世纪崇高得多，几乎被供在一个神坛的地位上。与此相应，在翻译领域方面，鲁迅无言地、沉默地享有着权威的地位，他似乎是一个永恒的标准，是一个绝对的尺度，他对"直译"的精神与态度，影响着一两代人约有一个世纪之久。一个世纪是一个相当漫长的时期，一个世纪的影响，可不是一件小事，他留下的痕迹和潜在的看不见的积淀都将是根深蒂固的。在这一个世纪之内，几乎没有翻译家、外国文学学者，对鲁迅的权威地位提出异议，别说是挑战了。我孤陋寡闻，据我所知，只有两个人有这份胆子，他们直言鲁迅的直译说甚不合理，甚至说鲁迅"不懂翻译"，一位是梁实秋，一位是以学贯中西、博通古今、语言尖锐而著称的钱锺书。我们这些在鲁迅面前只是毛头小子的学林后辈，之所以敢来碰碰鲁迅的翻译软肋，其原因一则在于翻译是给本国人看的，其二所译的又是文学作品。因为是译给国人看的，就必须符合国人所习惯的词汇、语句、文法规则、语言规律、修辞学美感，要叫国人读得下去，要叫国人悦读，请注意是"悦读"，是读起来有美感，而不是读起来疙里疙瘩，读起来费力。而译出的因为又是文学艺术作品，那就必须仍然保持着文学作品本胎固有的艺术美，至少在作品的语言上要像行云流水一样的流畅，像云逸飘荡一样的灵动。总之，要符合讲究的、纯正的修辞美学的追求。

译界是一个才智创作领域，译界非战场。译界是一个互相补充、互相切磋的"工地"，宜慎操硬邦邦的木棍或外软内硬的橡皮棍，以免妨碍宁静的创意与卓有成果的丰收。

我有一个感觉，在翻译理念上，对"信"的绝对盲从，对原文的绝对符合，必然造成对"雅"、对"达"的忽略与损害，必然造成对"雅"的某种游离与折扣，也就是我们常常所说的语法上的欧化与语调上的翻译腔。看来，要把"信""达""雅"三个标准单独化、独立化，必然会带来翻译工作中、翻译作品中的某种局限性与病态。

不难看出，在中国的译道上，一直存在着两个概念，两个论述体系，泾渭分明，一个是"信"，一个是"达"，两个概念都有后台。一个是"实"，是原文，一个是"达"，是译文，在古今以来的译道上，不少的学者、才人都各为其主，贡献了可贵的才情与斐然的文笔，这构成译道上森然对立的面壁。几千年过去了，中国译道仍然被夹在两面对立高墙的中间，笔直往前，笔直倒是笔直，但狭窄了一点，拥挤了一点，前景还需要开拓。

人类的概念是可畏的东西，它一旦产生之后，就有无穷的扩张力和变幻力，有极其巨大的裂变力、爆发力，无限的广阔性。原本的"真"一旦成了偶像，"信"一旦成了一个大概念，就会变为神圣不可侵犯的事物，与它不能有丝毫游离，如有，难免不成为译者个人不同程度倒霉的缘由，新中国成立初期，北大有位教授高名凯便是遭此命运，他译了几十本巴尔扎克的书，倒霉地把直译术、硬译术愚忠似的用到了极致，结果，不仅所译的书都成了废纸，而且受了处分，被撤了教席。于是，在译界，一方面形成了对"信"对直译的"顶礼膜拜"，一方面形成了对"信"对直译的莫名畏惧，在它面前战战兢兢，唯恐有半点闪失，有半点"失态"，生怕被人点出"有一点硬伤"，而"有一点硬伤"，客观上也就成了一根不轻不重的棍子，而如果挥棍冲刺在概念的泥沼里，把事情挂在某种原则性的高度，不仅有些问题更容易纠缠不清，反倒可以把问题大大地复杂化起来，不仅只伤及别人的一点肌肤而已。

其实，如果还原到实践本身，事实似乎要简单一些：那就是面对着一篇原文的文本，先把它攻读下来，对每一个意思、每一个文句、每一个话语都彻底弄懂，对它浅表的意思与深藏的本意都了解得非常透彻，然后，再以准确、贴切、通顺的词汇以纯正而讲究的修辞学打造出来的文句表达为本国的语言文字。简而言之，翻译就这么回事，但这里有一个严格的关卡，那就是要看译文的这些修辞意图与审美追求是否符合原文的形态、内涵与意念的表述。过了"信"这一关的"达"，这才是真正有资格的"达",而这种翻译实践,往往不仅被认为译得"信",而且被简称为"译得活"。但是"活",仍然不过是"译得活"或为"不活",仍然是两件事情,仍然是两个不同的事物,仍然是两篇完全相异的不同文本,还不能说是一回事,不能说是水乳交融的"化"。

不过,把奥妙的译道直通通地这么说来,似乎有点欠雅,毕竟是两个相异的事物,一个是客观存在的本体,有自己的形态,自己的内涵,自己的风格,自己的独立性,一个是翻译家理性的理解力、艺术表述的手段与艺术修辞学的调整、修饰等所构成的外力作用,这就有点像当今流行的易容术、美容术、整容术那样容易引起庸俗的联想。幸亏我们中国有自己的钱锺书先生,他早就提出了一个绝妙的意思、绝妙的词,它可以派上今天的学术用场,那就是一个"化"字。钱氏出言,从来都是有本有据,不是来自亚里士多德就是来自康德,这次是来自中国"子"字号的先贤。《荀子·正名》篇有言:"状变而实无别而为异者,谓之化。"——即状虽变,而实不变为异物,则谓之化。

罗新璋先生对这一系列概念与逻辑在做出了转述的基础上又做出了如下的总结,节录了钱先生的说法:作品从一国文字变成另一国文字,既不生硬牵强,又能保存原有风味,就算入于"化境";这种翻译是原作的投胎转世,躯壳换了一个,精神姿态依然故我。照此说来,好的翻译实践,不是别的,就是进入了奇妙的化境。

中国译道"化境说"具有坚实的哲学基础,具有广泛的人文学科的研究成果做铺垫,"化境说"是中国广泛的传统美学思想的延伸与发展。"化境说"是一个完整的文学翻译理论思想体系,是明确有效的翻译守则,是中国文学翻译事业更进一步达到丰富多彩新景观的有效途径。

　　果麦以自己的文化定力与学术理念，做出了自己的选择，自我完成了这一跳跃。现在，果麦有了自己的译学理念，有了自己的学术徽号、学术标记：钱氏"化境说"，它是典型的"中国制造"，就像钱锺书常穿的那套中山装。

　　这徽号将使它更具召引力、吸受力、聚集力，给果麦带来更加绚烂的色彩，祝果麦所到之处掌声四起！祝果麦昌盛！繁荣！富足！强大！

2017年9月27日写

2017年11月12日修订完稿

于北京中国大饭店

写在《化境文库》第一辑问世的时候

当我们完成了《化境文库》第一辑十种译本的考察、检核和选定时，无人不深感欣喜。从"化境文库论坛"开坛以来，果麦的工作人员与中国社科院外文所、北京大学西语系等单位一批著名的学者、教授，如：柳鸣九、罗新璋、郭宏安、陈众议、倪培耕、高中甫、张玲、韩耀成、宁瑛、刘晖、桂裕芳、袁树仁、王文融、黄燎宇、段映虹、李玉明、许钧、周克希、施康强、方华文、罗芃等又紧张地工作了半年，总算创制出了一个阶段性的成果。《化境文库》第一辑共十种译本连同"化境论坛第一次学术讨论会"的文集一卷，十一本装帧美观大方、印制精良的一函书已经印好展示在我们面前，赏心悦目，令人爱不释手。

这一函不凡的书籍，即将在北京举行首发式与新闻发布会，公开亮相，与广大读者见面。

且看这一函书堪称辉煌的阵容：

1.《老实人与天真汉》

［法］伏尔泰 著　傅雷 译

2.《给青年诗人的信》

［奥］莱内·马利亚·里尔克 著　冯至 译

3.《罗生门》

［日］芥川龙之介 著　高慧勤 译

4.《冰岛渔夫》

［法］皮埃尔·洛蒂 著　桂裕芳 译

5.《莫泊桑短篇小说选》

［法］居·伊德·莫泊桑 著　柳鸣九 译

6.《红与黑》

［法］司汤达 著　罗新璋 译

7.《笑面人》

［法］维克多·雨果 著　李玉民 译

8.《包法利夫人》

［法］福楼拜 著　周克希 译

9.《莎士比亚十四行诗》

［英］威廉·莎士比亚 著　方华文 译

10.《罪与罚》

［俄］陀思妥耶夫斯基 著　曾思艺 译

　　半年前，果麦与这些单位志同道合的学者、翻译家，并肩努力，寻求在外国文学翻译出版事业上的学术理念，作为自己的方向。双方共同学习、研究了我国著名学者钱锺书先生的"化境说"，并以它为自家的学术理念，举它为旗帜，奉它为学术徽号。这是一个纯"中国制造"

的学术文化徽号，可不是那种食洋不化、生不生熟不熟、令人难以下咽的玩意儿。正是在"化境"的徽号下，双方进一步努力，终于喜获了第一期产品成果。面对着《化境文库》第一辑的这份书目，作为从事外国文学翻译研究的专业人员，我们都有一种自信感、自得感，觉得这样一批成果是高品位、高质量的选择；是"慧眼识英雄"的高明选择。这个书目名单一见便透出了好几道"世界一流"的光芒：其一，它的原作者都是世界上第一流的著名作家；其二，这十部原著都是文学史上流传多年、拥有亿万读者的文学名著；其三，它们的十位译者无一不是我们外国文学翻译研究领域中的名家高人，甚至是权威；其四，这十个译本早就通过了广大读者的检验，经受过历史时序无情的磨砺，其译文的忠实与优美，早已为广大的读者所认可，实际上也是广大读者喜读、悦读、乐读的书籍。这是一个多方面闪光的书目名单，是一个经得起琢磨的名单。能在数以千万计的作者群中、能在原著与译本的浩瀚海洋中优选出这样一个有权威性的名单，说明了我们《化境文库》编委会团队工作的认真与高水平，文库的高质量正是来自他们的学术理念与翻译高标准，即钱锺书学术宝库中的"化境说"。钱氏的此说是译学理论中最高标准的境界，它继承了中国古典文艺理论哲理中与中国传统译学中的精华，主张文学翻译是要把截然不同语言的异国文学原著化为本国本土语言的译本、形神兼似的译本。翻译界的不少名师高手都公认"化境说"是翻译工作的最高境界，但也有不止一个著名翻译家认为那是理论上的一个理想国，实际上是很难完全达到的。但可喜的是，《化境文库》第一辑十个译本几乎都带有向"化境"努力攀登的痕迹，至少是做了些尝试的努力。因此，他们所表现出来的翻译风格，才能是通畅的、顺达的、如行云流水般的，读起来不像吃夹生饭，与那些食洋不化、难读难懂，还公开提倡要有意识地保持一点洋味的"高论"划清了界线。

《化境文库》的第一辑已经问世，它只是一个开头，这对中国文化而言，特别是对中国的翻译事业而言，的确是个好事。

试想，如果持续发展下去，那将来该是一道怎么样的风光？一定是一个郁郁葱葱、丰富多彩的文化大森林，一个有益于人身心健康的人文大氧吧！

柳鸣九　罗新璋

2018年6月28日

祝贺《化境文库》第一辑问世

2017年11月12日，在果麦整个工作团队与中国社会科学院外国文学研究所、北京大学西语系等单位一批闻名国内外的西学权威学者、翻译家共同努力下，举行了外国文学名著名译译道化境论坛的全国性学术讨论会。在中国，"译道化境论坛"开坛了。

这是中国学术文化界的一件大事，它标志着当代中国出现了一种"东化西学"的倾向，在当代世界文明大发展的背景上，中国的上空飘出了一面纯"中国制造"的学术文化旗帜，这个旗帜不仅代表着一种理念一种主张，而且也标志着一项学术文化事业。在中国发生的小事往往也不是小事，何况，这一桩学术文化事业，关系到中国如何吸收世界优秀文化的精神养汁，关系到世界优秀文化的精神普世价值与中国精神普世价值的水乳交融，有益于出现中式的人文主义、中式的启蒙主义、中式的文艺复兴。因此，把化境事业做大做好，其意义之不平凡，是怎么说也不夸张的。在化境论坛开坛之初，不少的著名翻译家都认为化境是一种理想的境界，实际上是难以达到的，甚至是不可能实现的，不少译林高手对此理想境界都望而却步，但仅仅半年，果麦《化境文库》编委会就推出了阶段性的成果，即今天我们所看到的果麦《化境文库》

第一辑，我们不敢说，第一辑收入的十个译本都是"化境说"的模范与样本，但至少能看出两个重要的情况，一是钱锺书先生提出"化境说"之时，已经有优秀的翻译家在自觉地实践"化境说"，如：傅雷、李健吾、杨绛。另一个实际情况则是，后继的翻译家奉"化境说"为理念，自觉地向化境的高峰攀登，则逐渐增员，特别是在20世纪50年代以后队伍更加明显扩大，到如今，攀登的道路上已形成前者呼后者应的热闹景象，声音洪亮、身手矫健的攀登者比肩而立，如：罗新璋、施康强、李玉民、方华文、李文俊等等，将愈来愈有浩然成军之势。

一些翻译名家都留下了颇具"化境说"色彩的译本，如：鲍文蔚的《巨人传》，许渊冲的《哥拉·布勒尼翁》以及徐知免、王道乾、赵少侯等人的代表译作，只不过因为国内的版权壁垒，我们未能展出他们这样一辈人的代表作。第三种情况也就是50年代以后的译界基本情况，那就是诚信、礼拜、奉行"化境说"的年轻一代才俊已具浩然成军之势，奉献出来的译本，都具有努力向化境攀登的迹象与倾向，各有所成、各具风采的译林名家比肩而立。如：罗新璋、施康强、柳鸣九、李玉民、周克希、郭宏安、方华文、毕冰宾、董乐山、傅惟慈等等。远不是过去时代那种天空辽阔、晨星寂寥的景象了。

柳鸣九

2018年7月4日

中国翻译文化灿烂历程之回顾

——《化境文库》三周年记

时间过得真快，2017年果麦举办的"译道化境论坛"已经过去两年，在人们的记忆中，却好像已经快消失在历史的迷雾中。不论果麦提倡此说有没有创造性，对中国的外国文学翻译现状起了多少作用，以及对这一事业将有什么样的作用，现在论定还为时过早；至于在外国文学翻译工作队伍中产生了什么微妙变化与深刻影响，现在也没有必要提前预言。但我想积极性是不容否定的，此举标志了中国文化企业开创了对学术文化品位的追求，这倒是有意义的一件新事物。至少，它是近年来我国文化企业界对文化学术品位与格调有了自觉追求意识的表现。学术文化的出版，不是一般的生意、不是一般的买卖，由满身铜臭味的书商来经营是经营不好的，由毫不懂学术文化、满脑子只有粗制滥造、弄虚作假、偷版盗版、毫无文化底蕴、识不了几个大字、知识贫乏、趣味恶俗的粗人庸人，是经营不出良好的社会效果的。我们现在要向世界先进强国学习，试看当今的学术文化强国哪一家著名出版社不是由学问家、大文化人掌舵经营的，与之相比，中国出版学术文化读物的企业有不少都还处于小混混坐堂、油滑刁钻的奸商掌权的状况，有儒商之志的果麦吹起了出版者提升自我学术格调与文学品位的新风，必然会带动中国出现更多的"商务""中华",法国的"伽利玛",英国的"牛津""企鹅",美国的"时代"等这类真正现代的先进出版机构,这是一个现代化的国家必然要经历的。果麦开了一个良好的头,其意义不能小看。参加这次学术盛会的有当代国内各语种近四十位著名的翻译家,以北大、南大的著名教授、中国社会科学院的著名学者为主。这次盛会不仅创建了一个"译道化境论坛",还推出了实质性的成果《化境文库》第一辑,认真总结新中国成立以来文学翻译的蓬勃发展与学术文化翻译的丰硕成果,遴选出一批翻译精品,展出了优秀的译本,提出了范例,这对今后的文学翻译工作也会有启发作用与昭示意义。

中国学术文化事业翻译的开拓者严复,在20世纪之初,就提出了翻译之道的三原则即"信达雅",这既是翻译工作应达到的标准,也是从事翻译工作必须遵守的实践原则,当然,也是衡量翻译作品质量和水平的专业尺度。

从文学翻译劳动所涉及的各个方面内容与这种精神劳动内部的规律而言,从翻译业务劳动的成果所涉及的两种文本的关系而言,应该说,"信达雅"是一个全面的、科学的、合理的、精准的学理,是放之译海而皆准的原则,也是明确的、适用的、符合实际、行之有效的实践方法,自当也是检验与衡量译品的质地、水平、层次的批评标准。当然,也就是翻译工作者从事文学翻译操作时所要达到的标杆与高度。总之,不言而喻,这就是优秀的文学翻译作品所应该达到的理想状态。从它被提出以来,一直成为中国文学翻译工作者共同的教义、共同的主张、共同的戒律,指引着中国文学翻译工作从无到有,从初期的青涩到中期即五四新文化运动到新中国成立之前这个时期的日渐成熟、日渐提高。从这一漫长的历史行程来看，第一阶段虽然只有两个上层次、有资格、有名望的先行者严复与林纾亮相拉开了序幕，翻译名著与译作佳篇作品还寥若晨星，但序幕一拉开，就显示出中国翻译事业翻译文化的开端充满了学术理性的光辉，预示着它未来的灿烂与丰富，其功就在于"信达雅"指导思想与译道学理的创设与确立。如果要说这发轫的第一阶段有不凡的成就与业绩的话，窃以为这三个字就是中国翻译事业第一阶段的业绩与成就。

正因为开辟阶段的启程点上高耸着这三个大字的高碑，紧接着而来的第二阶段，即从五四新文化运动之后到20世纪中叶新中国成立的这一个历史时期，中国翻译事业也就出现了欣欣向荣与蓬勃发展之势。

第二阶段，五四后到1949年新中国成立时期，这是中国翻译文化事业发展历史不容忽视的阶段，这一阶段的特点是有实质性的进展，有实实在在业绩与成果。眼界宽阔，选题范围广泛，质量上档次、合规格的译品，甚至优秀的、具有"信达雅"境界的、接近这一标准的优秀译品，如蓝天中的彩云接二连三地飘过。这是时代历史带来的局面，毕竟五四新文化运动就在此前不久，对封建专制旧中国固有的意识形态进行了一次全面、深入的冲击与洗礼，追求学术文化自由的空气仍有一定的浓度；从过去历史时代传承下来的资产阶级自由民主主义还占有意识形态的优势，虽然无产阶级革命的列宁主义在中国还没有普及、深入，红色之火还没有达到燎原之势，但这里仍是孙中山的三民主义君临天下，还属于旧民主主义革命的时期。因此，凡是旧民主主义所能包容的外国学术文化、意识形态的制品都能被引入中国，不仅从伊索寓言到莎士比亚戏剧到伏尔泰的哲理小说等这些名著在中国都得到了译介，即使如象征主义诗歌、小说等这些多少会引起侧目而视的"另类作品"，也都在中国有了译本，比起后来中国社会主义阶段的倒退期"无产阶级文化大革命"，反倒较为宽松。在译介的规模上，也有所发展，对不止一个外国大作家的译介都达到了"无一遗缺"的程度，如李青崖译出了《莫泊桑全集》，毕修勺译出的《左拉全集》。其他如李健吾译出的《莫里哀戏剧集》，朱生豪译出的《莎士比亚戏剧集》，潘家洵译出的《易卜生戏剧集》，罗念生译出的《希腊悲剧集》，也都直逼全集的规模。在译品的质量、译技上，接近或达到"信达雅"标准的译家译品也不止一例，如朱生豪的《哈姆雷特》，傅雷的《高老头》，李健吾的《包法利夫人》，谢冰心的《泰戈尔诗选》，戈宝权的《普希金诗选》，梁宗岱的《瓦雷里诗集》等，这些都是中国人在接受外国优秀文化，进行民族文化积累过程中所做出来的精品，是民族精神的财富，不必也不应该因为历史时代的不同、不属于"社会主义时期"而予以贬低或抹杀。

应该注意的是，这个时期，中国翻译文化之所以有所发展，留存给世人一些硕果，与其说是由于在资产阶级民主自由主义思潮与共产主义革命思潮之间正好有一个意识形态的间隙，有一个相对宽松的发展空间，还不如说，五四新文化运动为这个紧接而来的局面，既留下了一大批新文化的受众群体，也造就、培育、创造了一支主力军。从五四新文化运动中，冲闯出来的文化主将以及在新文化运动中积极活跃的弄潮儿，还有一大批有志向、有作为的文化青年，就是这一支主力军构成。其中，胡适、鲁迅、李大钊、李健吾、潘家洵、周作人、巴金、梁宗岱、谢冰心、傅雷、卞之琳、李青崖、李济野、陈占元、朱光潜、陈西滢、赵萝蕤、瞿秋白、郭沫若等人都是我们所熟知的名字，他们对这一时期中国的翻译文化事业都有不可磨灭的劳绩。应该看到，这些人之中，有一部分基本上还属于旧民主主义这一范畴。因此，在精神价值取向上，仍保持自己独立的立场与观念，不受旧有的戒律、禁令与忌讳的束缚。在他们的努力下，世界各国的名著、各种政治倾向的作家作品，甚至在道德观念上的另一类书都被他们译介进了中国，颇有唯名著佳篇是选的气度，而且他们都是深受国学熏陶，饱读中国传统文化典籍的才学之士，又都不同程度地喝了洋墨水，可谓"学贯中西"。因此，他们在学养、艺术品位、语言修辞以及文章风格上，都具有一定的优势，得以使他们的译品达到或接近信达雅的标准。

到了我们这一代年轻人，即新中国成立后的一代翻译工作者，早期无不都是喝了这一阶段翻译名家与大师高手的优秀译品的乳汁成长起来的。我不止一次被记者问及，我的外国文学知识和基础是从哪里获得的，我都不止一次说明了我的外国文学基础很重要的一个渠道，就是从少年时代跑书店、跑图书馆、看站书中获得的。那时，世界文学中很多文学大师和艺术高手的译本，在各种级别的书店、开架书架前，几乎都能找到，这就是我成为一个外国文学研究工作者初期的学识储蓄与知识准备的来源。与我同龄同代这一批文学翻译研究工作者，基本上也是从读巴金、李健吾、傅雷、朱生豪、谢冰心等这一代译家的书长大的。

至此，所有这一切都是在信达雅的光亮下进行的，但是，任何一种理论、主义、法则、规矩、规范与它所指导、所规范的客观实际以及具体实践比较起来，经常是处于第二位的。在客观现实中，所进行的实践活动，永远是处于第一位的，它居于主动的地位，是变化与变化的起因，就像是一个火车头，它启动着、带动着对原则、规范、规矩的思考与再评估，以及而后的再追求，以至再修订、再更改。因为，这两者之间，客观的现实与具体的实践活动，其内容永远是最丰富、最复杂、最难以概全也是最生动、最活泼、最有生命力的。它的涵括难估、变化莫测、形式多样，因而在两者之间，要求发展、变化、更改、修订的主导方，总是客观现实与客观实践。而另一方，则居于被动的次要地位，即使是原来的理论、规范、学说、规则已被证明是实用的准确的，并且已经带来了非常积极的效果，甚至已经创造出了非常卓越的成就，但是一旦客观现实出现了新的情况，有了新的变化，人们的实践活动中出现了新的问题，那么，原来居于指导地位、执行规范任务的理论与学说就得适应这种新的现实境况，就得适应新的实践方式而做调整。在我国，从规模巨大的翻译文化事业中，我们恰好就见到了这个情况。原来的信达雅主义、信达雅学说、信达雅原则的确对我们的翻译文化事业的蓬勃发展、迅速提高、成果丰厚，起了巨大的作用，我们这一代人的学业时代，就是痛饮了信达雅学说所开拓出来的精神养液而成长起来的，但是信达雅的主义和学说随着我国文学翻译事业的大发展，也表露出来自己的局限性，并且和其他社会历史的因素结合起来，意外地产生了不协调、不和谐的因素。

请允许我在这里说得具体一点。首先，信达雅作为一个理论表述，不是没有一个自己的局限性，它提出了一个三原则并列、三原则分立的规范与标准，而没有对文学翻译事业这一个"各个方面高度一体化"的精神创作活动，提出了一个需要高度统一，高度一致，高度一体化的要求。信达雅这个学理的局限性，首先就在于它的分立性，在于它没有融合性，在于它没有一统性、整体性、三位一体性的最高准则与要求。有了并列性，也就可能产生信奉者实践者的倾向性与倾斜度的不同，因为强调方面的不同，有所突出方面的不同，笔下的译文也就会有不同的状态、不同的局面。这种情况与政治思想领域中的一例，颇为相像，在资产阶级政治理论家、18世纪伟大的法国启蒙思想家孟德斯鸠看来，他所创设的三权分立说，是对政治模式最理想的构设与表述。但三者一分列，历史的扮演者，对某一方面稍有倾斜、稍有侧重，便可以开辟出截然不同的政治局面、不同的社会政治状况。在近两三百年来的世界近代史中，就有不止一个民族一个国家都曾上演过这样的"历史剧目"。翻译工作，特别是文学翻译工作，要把一个完美的文学作品变为以另一种语言同样表述得完美的文学作品，在生活内容、故事情节、思想观点、精神境界、语言艺术、结构形式、感情倾向、风格风采、情趣意蕴等方面，又都要与原著有所神似或有所形似的另一部文学作品，成为与原著原作至少是在各自的语言表述中足以般配的艺术品，这样一个艺术创作的过程，是译者各方面的认识能力，两种语言的水平，艺术美感与构思技巧，语言修辞功力等各方面的学养、能力、智慧熔于一炉，而进行高度一体化、高度协调、高度配合，付出艰苦精神劳动的结果。很难设想一个译者先以"信"的标准译出第一稿，以"达"的要求来译第二稿，最后再以"雅"为目的修饰自己的文本，而对于同一个译本，也很难把三个并列的标准分别去加以衡量，如果在翻译中对三个并列的原则与标准，哪怕只作一点倾斜，一个译本的整体面貌、精神实质、情节结构、语言修辞、风格面貌都会有所不同，这就是三原则并列作为一种译道，作为一种译说，有一定局限性的根本症结所在。实际上，在我们中国这种情况早就发生了。

这种局限，这种可能，因为有了鲁迅，而成了历史事实。众所周知，鲁迅在中国20世纪30年代提出了"硬译"的主张，鲁迅主张的"硬"达到了极致的程度，故又被称为"直译"或"死译"，具体来说，就是必须按照原著原文的语言一丝不苟地句句照搬，字字照搬。难怪有的批评家认为，他这种坚持达到偏执、不可理喻的程度。鲁迅是新中国成立之后的精神文化之圣，是绝对的偶像，我国的鲁迅学是文学研究中一个正统的重点学科，鲁迅学的著名学者专家比比皆是。我对鲁迅没有什么研究，一直没搞清鲁迅提出直译学，并坚持到这种程度的原因与来由何在？且作为一个问题提出来向鲁迅学界的专家学者们请教。

众所周知，在国民党统治时期，鲁迅一直被视为"贰臣"或"逆子"，处于被围剿被打击的地位，他的"直、硬译论"又遭到文坛上自由派倾向的著名学者梁宗岱、林语堂等人的公开反对，其影响自然大打折扣，但到了1949年以后，鲁迅在国内的地位大不一样，他在文化学术领域里已经被尊为"圣人"，他的思想观点与著述言论被当作了经典，具有权威的地位，不言而喻，他的"直译"说，对于翻译之道，对于文学翻译实践会有多大的影响。首先，它在实践上使原来的翻译"信达雅"这一经典原则大大变了味，不仅改变了"信""达""雅"三者并列的关系，大大地向"信"倾斜，实际上使"信"开始居于前提的绝对领先、绝对重要的地位，这是文学理论翻译指导思想上的变化。其次，一个重要问题是，任何一种理论学说都要有受众，要有信徒，有成规模的力行者与实践者，有贯彻实施的"队伍"，在这一点上，"信"字大旗下，信从"直译"说，或倾向于直译说的队伍显然要壮大得多，这是因为在这个时期，从事文学翻译事业的年龄略长者的翻译者，都已经成为国家学术文化事业机构的工作者，置身于党与国家领导的组织体制之内，对于党与国家关于意识形态领域中的诸政策与指导原则都持信从拥护的态度，并努力学习实践。但是，中外两种语言不同的规律，两个民族不同的语言习惯，修辞美感的差异，词语组合与词序排列的规则，偏偏与硬译作梗而不作美，似乎是上帝安排的一种"天敌"。不必多说，就以简单的被动语句而言，在原文中可以显得自然而然，浑然天成，但是译到汉语中，总容易使人感到不自然、别扭、不习惯，甚至引人发笑。

1949年新中国成立后到1978年改革开放，是中国翻译事业的第三个时期。这是它的一个"沧海桑田"的阶段，纷繁多元，复杂而不丰富，曲折坎坷，甚至经历了大灾大难，劫后余生，仅存一丝元气。其根本原因在于国内政治形势的变化。新中国成立初期，建设新民主主义社会的政治路线使过去一时期翻译事业得以延续，向苏联"一边倒"的外事路线，使国内翻译文化事业基本上也仿效了苏联。苏联对欧美传统古典文学艺术是采取马克思恩格斯式的认可、允许甚至赞扬的立场，使过去时期对传统的世界名著译介工作仍能如常进行。正是在这种条件下，老一辈翻译家得以沿袭自己的兴趣、自己的选择继续进行他们在新中国成立之前，就已经开始了的翻译项目。如潘家洵译易卜生，李健吾译莫里哀，杨绛译吉尔·布拉斯，朱生豪、卞之琳、吴兴华、孙大雨、方平译莎士比亚，罗大冈译《波斯人信札》，傅雷译巴尔扎克等。其中不止一位翻译家都在国家学术文化工作单位任职，他们的翻译项目得到国家正式学术机构的支持和重视，他们都献出了优秀的"信达雅"式的译本，并得到了出版。这些高水平高质量的译作，理所当然是新中国成立后翻译文化工作的突出业绩，是中华民族文化积累文库中的瑰宝。

至于对西方20世纪的学术文化与文学，苏联主管意识形态工作的著名领导人日丹诺夫，一直采取彻底否定、严厉批判、完全禁止引进的立场，中国在"向老大哥苏联学习"的政策方针下，也完全采取日丹诺夫论断的态度。这就形成了长达几十年对现当代西方文化的摈拒绝缘期，一直到改革开放初期，中国自己的人文学者、翻译家、理论批评家公开对日丹诺夫论断提出了质疑，才结束了这一极"左"论断的权威统治，开始谱写出对西方现代优秀学术文化的研究、译介、引进的新一章。其标志就是1978年由中国社会科学院外国文学研究所所长冯至先生主持召开的外国文学翻译研究的第一次全国工作会议（广州）。笔者有幸参加了这一次学术文化盛会，见证了这次学术理论思想的重大历史突破，并努力做出了若干实实在在的事情，对此，我深感荣幸！

"一边倒"的理论思想与政治外交路线，自然而然使俄罗斯的传统学术文化的成果大量译介到中国，攻读俄罗斯语言文学成了中国高等教育中新的重点方向。知识阶层中，学习俄文成为一种时尚，国内不少原来从事英语学术文化翻译工作的著名学者，如朱光潜、钱学熙、王智量、钱中文等，都曾改学俄文，兼搞俄文翻译，并做出了丰硕厚实的成果。如钱中文转修俄语后，经过长期的努力，翻译并主编了俄罗斯大文艺理论家巴赫金的全集，实为新中国成立后文学理论的一大功臣。王智量译出了《贵族之家》《前夜》《奥涅金》等俄罗斯文学中的巨著与名作。所有这些都明显地形成了中国翻译文化中苏联社会主义文化的热流。当然，俄国十月革命后，当代正统主流的作家作品，被介绍翻译、引进出版的更是难以计数。阿·托尔斯泰、法捷耶夫、西蒙诺夫、高尔基、肖洛霍夫、奥斯特洛夫斯基成了新中国新一代青年人熟知的世界文学名家。《毁灭》《青年近卫军》《日日夜夜》《卓雅与舒拉的故事》《钢铁是怎样炼成的》，所有这些苏联当代的优秀作品在中国高校的讲坛上成了新的世界文学经典，进入了世界经典名著的行列，《莫斯科郊外的晚上》成了时髦革命青年爱唱的歌曲。所有这些都扩大了中国人的文化艺术视野，充实了中国人的精神文明生活。这一股强大的苏联新型社会主义文化的巨流，给中国社会主义文化输入新的乳汁和养料。

此外，其他国家一些置身于"社会主义阵营"的二三流作家、"文化活动家"以及与文化沾一点边的"进步人士"，也都以作家的身份，借着这一股东风进入了新中国，也出版了作品，拥有了读者，一时熙熙攘攘，热闹非凡，在中国留下了一大片色彩斑斓的文化图景。这在中国20世纪的文化史上构成相当独特的一页，后来因为中国共产党开始公开批判"苏修"，这一番热闹才渐渐销声匿迹。

此后，国内"左"的政治路线愈演愈烈，不久终于导致了1966年爆发的"无产阶级文化大革命"。这场激烈的政治风暴席卷全国，原来的社会政治法律机制被摧毁得全面失去其功能，正常的政府职能与社会生活的各个方面正常秩序被打乱，百业停顿，民生凋零，学术文化更是重灾区，"彻底批判封资修思想意识"，砸毁历史文物，对知识阶层进行横扫，所有这一切都以暴烈的方式毫无顾忌地在全国范围里进行。历史文化传统，学术文化机构，文化教育建制与文物图书收藏，都遭到了严重破坏。到1978年这场浩劫过去，中国几乎成了一个文化沙漠。直到改革开放，解放区的天才又成为"明朗的天"，而改革开放的序幕一拉开，翻译文化领域就上演了对日丹诺夫的"揭竿而起"，打响开场锣鼓，开了一个好头，此后，中国的翻译文化事业顺利地开始了一个全面发展，多元繁荣的新一章。

全面发展，首先在于对世界文化学术的视野更为扩大，译介对象已不限于文化学术强国、大国，而遍及全世界每一个国家，中小国家甚至偏远鲜为人知的地域。其次，这个时期特别令人瞩目的是，翻译文化事业，冲出了过去长时期限于只译世界传统的古典文学这一人为限制，而开始进入了过去被划为禁区的欧美西方20世纪文学领域，并取得了巨大的成就。在中国书店中，西方资本时代的巨制名著与东方社会主义的新兴文学代表作和谐共处，交相并存，互相辉映。古希腊的《俄狄浦斯王》、莎士比亚的《李尔王》、屠格涅夫的《父与子》、高尔基的《母亲》、巴尔扎克的《高老头》排列于同一个书架，各种人性悲剧同时上演，莫泊桑、契诃夫、马克·吐温、欧·亨利，会聚一堂，各展短篇小说的艺术，雨果的《悲惨世界》、司汤达的《红与黑》、托尔斯泰的《战争与和平》、肖霍洛夫的《静静的顿河》各展时代的宏伟画卷……不同时代的歌者、诗人，从古希腊的荷马、品达，直到中世纪的但丁，人文主义时代、自由资本主义时代的歌德、席勒、海涅、拜伦、雪莱、雨果、波德莱尔……组成了人类的历史大合唱……中国人成了世界上最大的聆听群体。

从我国的学术文化翻译事业的发展道路来看，严复、林纾的翻译学说作为一个理论形态，以其学理的全面性、准确性与它对于文学翻译这一种实践活动的确切指导性与可行性，开创了一个文学翻译事业的大发展，翻译作品实绩大丰收的时期。紧跟着它的提出后不久，中国翻译文学事业就迎来了第二时期。一些在五四新文学运动中受到了熏陶，并在

　　麦场上的遗穗——柳鸣九先生遗著集

文学创作实践中已有所作为与业绩的、有广泛影响的优秀文学青年，许多人都参加了文化与学术翻译的实践，如胡适、巴金、鲁迅、周作人、郭沫若、成仿吾、郁达夫、李健吾、陈占元、傅雷、梁宗岱、戴望舒、卞之琳、杨绛、闻家驷、朱生豪、盛澄华、耿济之、曹靖华、草婴等。他们是五四新文化运动中涌现出来的文学才俊，其文化功底，学识底蕴，情趣品位，鉴赏格调，使他们眼光独具，慧眼识珠，既选中了莎士比亚、巴尔扎克、伏尔泰、莫里哀、卢梭等大师与那些在文学史上灿烂发光的名著，又没有遗漏掉那些思想倾向各异、风格独特、才情另类的作家们为自己译介的对象。而他们自己的文学功底、学识素养、情趣灵智、文笔修炼与语言修辞技巧，则使他们面对外国语言文本，完全能应付裕如，将它变为本国语言的文本，其中不少都是我国翻译史上信达雅的佳品。如傅雷、李健吾、朱生豪、梁宗岱、傅本华、杨绛等的译作，这些译作通过出版社进入书店、图书馆，在中国形成了一次外国文学作品在中国的初期大普及。我们出生在20世纪三四十年代的一代人，就是读这些书长大的。从改革开放时代起，中国人总算得以遍尝了人类各时代、各流派、各种精神佳肴，得以畅饮了世界各民族所创酿的优秀精神文化的"美酒"，总算开始理解了法国人文主义大师拉伯雷所提出的口号"痛饮吧！痛饮吧！"是怎么回事，其内容与意义何在。

引进的品种不仅应有尽有，范围无所不包，而译介引进的规模，也达到"现代文化大国"译介事业的高水平高标准，译介的对象与项目数量动辄是大型文丛与全集，如《莎士比亚全集》《巴尔扎克全集》《法国二十世纪文学译丛》《外国文学名家精选集》《世界文学名著名译典藏文库》《世界诗歌选集》《雨果文集》《世界文学流派作品选》《世界心理小说名著选》《萨特全集》《陀思妥耶夫斯基全集》《托尔斯泰全集》等大型丛书，少则十来卷，多则七八十卷，甚至达一百卷。中国翻译文化工作规模之巨，业量之大，在20世纪世界范围里，无疑占有先进地位。在文化学术的引进上，在与世纪学术文化接轨的齐全上，实堪称"翻译文化大国"。中国的这一个宏伟的进程，可以说是从五四之后开始，基本上完成于21世纪改革开放的"新时期"以至今日。

我之所以把五四之后视为灿烂进程的开始，是因为这一个进程中虽然包括三个不同阶段，即从五四到新中国建立、新中国的前期与新中国的改革开放期以及现今的新时期，但起重要作用留下了厚重业绩的，都是"五四精英"这一代人，从年长些的胡适、鲁迅、巴金、潘家洵、罗念生、冯至、冰心到稍后的李健吾、钱锺书、傅雷、卞之琳、杨绛、罗大冈等，他们都是"五四新文化运动"的优秀"毕业生"，为中华民族的译介翻译事业开辟了"全面开花"的局面。新中国成立之后，他们仍在继续工作，仍在辛勤创造中国文学翻译事业的新业绩，直到"四人帮"发动的"文化大革命"，他们才被送进了牛棚、"扫进了历史的垃圾堆"。但改革开放后，他们的历史功绩、他们的劳绩、他们高质量的译作，迅速恢复了生命力，重新焕发出了光辉，成为译界示范的样品。他们就像历史时代的穿线人，以他们的文学翻译活动与佳作上品，把这三个时期中国的文学翻译事业串联起来，浑然一体，而他们串联历史的那根红线，就是"信达雅"的学理学说。他们是中国灿烂的文学翻译事业最大的功臣。

还应该注意到，这一代"五四精英"在新中国成立后到改革开放及至现今，几乎全都在高等学校里执教过，他们培育并影响了年轻一代外国语言文学工作者，形成了一支蔚为壮观的文学翻译队伍，这年轻的一代生力军造就了整个改革开放时期文学翻译事业的巨大辉煌，奠定了中国作为优秀精神文化的引进大国，明显地在世界各国各民族之林中，居于先进的地位。

这一代新人，基本上都是新中国的"儿子"，都出生在20世纪三四十年代，基本上与共和国的历程同步。他们接受高等教育的年代，正是新中国高等教育体制改革、院系调整之后"向科学进军"的"学业黄金期"。其时也，文化学习热潮席卷全国，这一代人得以在"高校改革"之后的"黄金期"完成了高等教育，正是他们幸运地成为高校改革之后的新教育体制的受惠者。实事求是说，在人文学科方面，新中国初期的新教育体制既继承了自由资本主义人文主义的文化传统，又植入了苏式社会主义的教育原则与精神，兼容并蓄，自有其特定的效能与优势，而在课堂上传道授业的则有很多都是五四新文化运动当年的精英。我自己1953年入学北大西方语言文学系时，系主任冯至就是从"五四新文化运动"中出现的，他曾被鲁迅评为"中国最优秀的抒情诗人"，名列于该系教授名单中的潘家洵、钱锺书、李健吾、卞之琳、赵罗蕤、吴达元、陈占元、鲍文蔚、杨周翰、李斌宁、张若谷、盛澄华、田德望、杨绛等，无一不是从"五四新文化运动"这所大学校毕业的名士才俊。其他重要高校亦皆如此，如许国璋、王佐良在北外，梁宗岱在中山大学，何如在南京大学，管震湖在二外等。正是在这具有二元优势的教育体制与一代名师的培育下，才得以涌现了新一代的翻译才俊，其阵容之强之众几乎可以说超越了过去时代，稍前的有许渊冲、王道乾、徐知免、林青、徐继曾，稍后的有郝运、桂裕芳、高莽、叶汝涟、程曾厚、马振骋、李玉民、夏玟、袁树仁、施康强、王文融、张光尧、冯汉津、屠岸、绿原、叶廷芳、张玉书、高中甫、余匡复、韩耀成、张黎、范大灿、安书祉、陈恕林、宁瑛、樊修章、张英伦、傅惟慈、施咸荣、董乐山、李文俊、董鼎山、李平沤、王智亮、董衡巽、文美惠、陈筱卿、许钧以及柳鸣九、张英伦、郑克鲁、罗芃、郭宏安、金志平、谭立德、吴岳添、周克希、张秋红等。正是这一代人译制出了《巴尔扎克全集》、《卢梭全集》、《蒙田全集》、《雨果文集》、《萨特全集》、《加缪全集》、七十卷《法国二十世纪文学译丛》、一百卷《外国文学名著名译典藏文库》、八十卷《外国名家精选书系》。

正是他们把对世界各国文学的发展历程撰写出一部部学术性的文学史论，如多卷本《法国文学史》，多卷本《欧洲文学史》，《德国文学史》《俄国文学史》，多卷本《英国文学史》，两卷本《美国文学史》《意大利文学史》以及《日本文学史》《印度文学史》《阿拉伯文学史》等，全面叙述描绘了中国人所认识的世界文学的图景并做出了科学的评价。

正是他们在翻译领域里各显其能，各展其才，贡献出了个性化的业绩与精品，如法语译家李玉民以一己之力献出了数千万字文笔如行云流水的翻译佳品，其质直追傅雷，其篇幅总量则超过了他的这位前辈、翻译巨匠。又如，施康强以明清话本的语言模式与风格成功译出了巴尔扎克一另类妙作《都兰趣话》，为"化境说"译理提供了一出色的样本，甚至说是"准范例"亦未尝不可。

又如，罗新璋以典雅、精雕细琢的汉语译司汤达的名著《红与黑》，使广大读者"悦读"的要求得到满足，而获得了"最优秀译本"

之誉。

也正是这一代人把素有"难懂如天书"的世界文学巨著——都译为上佳译本，如萧乾、文洁若译出《尤利西斯》，桂裕芳、袁树仁、李恒基等译出《追忆似水年华》，李文俊译出福克纳的名著等。

也正是这一代人完成了数千百万字的关于外国文学资料编纂、整理综合注释文献、资料积累说明、论述评论的文本资料积累工作，有作家全集，有流派全集，有资料丛刊，有作品选等，其中都有学术性的含金量，有史家的广博学识，有选家的独特视角，有思想家的取舍智慧。

正是这一代人对日丹诺夫论断"揭竿而起"，大声呼出"给萨特以历史地位"，破冰河，开辟道路，带来了中国翻译文化中的"20世纪热""拉美文学热"的新局面……

正是这强力的一代，开辟了新的译界领域，填补了空白，做出了重要的建树。例如，吕同六之于意大利文学，例如拉美文学界的陈众议、陈光孚、朱景冬、林一安等，都有重要的译作问世，把影响巨大的"拉美文学大爆炸"完整地引进了中国，使得中国不少的文学创作者感受到了魔幻现实主义的新颖与魅力。

而今，五四精英一代的弟子们，也都进入了耄耋之年，他们完成了他们这一代人的历史使命，做到不负师教，不辱师命，基本上起到了继往开来的作用，可谓之为"强力一代人"。正是他们之中越来越多的人，从长期的实践与探索中，发现了钱锺书先生的"化境说"的合理性、深刻性，便跨进一步，将此说奉为译道之至理，开始在自己的实践中做了一些探索，努力向"化境"高峰攀登，并已创作出了特殊的范例，如施康强所译的巴尔扎克《都兰趣话》就是。如今中国文学翻译随着《化境文库》第一辑与《化境论文集》的出版，而进入了"化境"时代，此路虽然艰难，距目的地还很遥远，"路漫漫其修远兮，吾将上下而求索"，这成为新一代翻译工作者的任务。此路确乃一"畏途"，但前景将是光明的。新希望、新译道、中国文学翻译事业新探索，新一代学子、新才俊名家，将给中国文学翻译事业带来美好的春天。

也是这强力的一代，对翻译理论做了更进一步研究，对中国历史悠久的翻译理论发展史的资料进行了系统的整理与编纂，罗新璋在此方面功不可没，他的"翻译评论集"就是他所献出的一枚硕果。

正是这强力的一代，进行了如此广泛的文学翻译实践，积累了丰富的经验，又对翻译理论的发展进行深入的钻研与思考。

而他们作为"后来人"、后继者，也得以通观了中国翻译文化从严复、林琴南时代直到今日巨大繁荣的整个历程，见证过这一历程中的经验教训，总结了自己的心得体会，反思了自己的得失，思想终于渐渐汇聚于钱锺书先生的"化境说"的译道至理之前，有了"化境说"的共同理想、共同确认、共同努力目标。

以著名人文学者、法国文学史家柳鸣九与著名翻译家罗新璋为首，偕同外国文学领域当今的一批最为优秀的学者、翻译家桂裕芳、夏玟、袁树仁、金志平、张英伦、许钧、施康强、李玉民、王文融、涂卫群、高中甫、郭宏安、黄燎宇、宁瑛、罗芃、谭立德、倪培耕、张玲、方华文、王逢振、曾思艺、刘晖、杨国政、段映虹、许金龙、曹曼、沈志明、林一安等四十余位名士才俊，与果麦通力合作，搭建起"译道化境论坛"，推出了《化境文库》第一辑，遴选出了十余种优秀的译作作为化境译道的例作，一时在国内引起了巨大的关注与影响，这次重大的学术活动清晰地表明化境说译道并非"信达雅"经典三字经的颠覆与否定，而是"信达雅"的承续与深化，不是对"信达雅"的彻底改造，而是对"信达雅"的补充与完善，它把"信""达""雅"三原则分立并列发展为三原则融于一体，它追求的是译品各种优质的统一境界，是各种美质的和谐境界。

有了论坛，有了范例性的文库，不可否认，我们已经步入了翻译文化的"化境时期"。

但译道学理还不能说是完备、完整的，理想的境界与十全十美堪称范例的译品尚待创作！

"路漫漫其修远兮，吾将上下而求索。"这个任务，将主要落在年轻一代的翻译家、翻译文化的才俊、名士与译林高手的肩上。

柳鸣九

2019年4月于病中

"化境说"与我译莫泊桑三则

译莫泊桑小说感言之一
——"化境说"与"添油加醋"

夜，已经十一点半了，我和新璋先生还在通过电话商谈"译道化境论坛"的发言。夜，安寂而宁静，正堪做畅想与深思。

开始从色调色彩讲起。似乎一谈风光描写、景物状况，无不从这里开始。我没有向老同学隐藏自己的"业务秘密"，承认我在翻译中，色调的轻重、浓淡，有时常由我做主，我总要做了点自己的手脚，我把这俗称为译事中的"添油加醋"。这个意念一引发，我不禁又有了新的思绪："这不又是一个颇有理论性的问题吗，如再加以开拓，加以深化，不正好是化境说之一羽翼吗？"此说又有了具体的补充。应该承认，我们现在还只是确认"化境说"是翻译的良方、高深的理论，但还留下不少的理论空洞，还大大地缺乏化境的翻译实践。比如说，进入化境的大道、通途、小路、幽径、僻路究竟有多少，化境还有哪些具体的分寸、规范、尺度等这些问题，还比较空泛，祖师爷们还没来得及作答，创造性的探索永远也不是多余的，还不能靠在钱锺书、傅雷身上打瞌睡。

还是让我们回到以"添油加醋"为例上，在我看来翻译中间的"添油加醋"，绝不应该是随心所欲，为所欲为，这里有力度，如果如此胆大妄为，为所欲为，译本便与胡编乱造无异，送到严肃的译案上，恐怕谁都认为是要打屁股的。很抱歉，我把一个庸俗的烹调俗语引入与新璋先生学术阐述中，新璋先生以追求古雅的、精雕玉琢的语言而著称，其执着与热情实不下于当年他对慧勤嫂夫人的执着与热情……正经话题下，调侃、玩笑话无地自容……"还是回到我们的羊群上来吧！"（原文为revenons à nos moutons，出自法国16世纪作家拉伯雷的《巨人传》），赵译为："还是回到我们的羊群上来吧！"柳译为："还是谈我们自己的生意吧！"不言而喻，我说的添油加醋，绝不是在烹调中大剂量放进"别的异物，别的东西"，只是小剂量的调料而已，说是小剂量，但尺寸、分寸还是要特别讲究的。如何讲究呢，以我所译的《月色》而言，我的理解是这样的：首先要把全篇的精神拿准，拿准了全篇的精神，才能决定添油加醋的轻重、力度、分寸与手法。我们知道，一个作家写一篇东西，都有一个具体的执着的意图与目的，莫泊桑写《月色》的目的显然与《羊脂球》《项链》不同，他在这里既不是想表现爱国主义，也不是为小市民妇女爱慕虚荣的心理深深叹一口气。在我看来很简单，他就是为了留下一篇写《月色》美景的绝品，面对着这样一篇以细致的现实主义笔法写出来的，以柔和色彩烘托出来的夜的美景，千万是不能妄自添加大分量的调料与浓墨色彩的。如果莫泊桑是一个浪漫主义作家，如果《月光》这个作品是浪漫色彩浓重的作品，你要添油加醋，胆子大一点是无关紧要的，手重一点、幅度大一点，添油加醋的力度过一点都无伤大雅。在《月光》中，作者把月夜描写得那么美，他那么看重这个月夜，甚至将"天人合一"足以解决人间纠葛和矛盾的美感力量也赋予给它，使它诗意地解决人间的纠葛与矛盾。因此，我译的时候，实在不忍心把眼前充满魅力的月夜以普通平庸的词汇来加以表述，即使作者本人选用了最不起眼的词汇、最平淡的语句写出来，而尽可能在每一处译文中按我可能有的优美语言来译述。况且，我认为莫泊桑自己也被如此的美景所感动，以致他是在明显地以自己的笔力挑战实际夜景的美，以留下一篇真实的夜景绝作，"欲与天公试比高"，与天地间的一幅实际月景分庭抗礼，那我还怕什么？我还怕什么可能飞来的种种帽子，"违反原著""篡改原意""胡编乱造"之类的指责与含沙射影呢？作为莫泊桑的译者，我本就应该有促行其愿、玉成其事的"天职"，"与其美得不足，不如美得有点过分"。当然，译述辩证法谁都不是盲然无知，还不至于糊涂得不懂"物极必反"。何况，我生平就厌弃夸张、强化、炫耀的风格。正是带着以上这些理念，这样译下来，多多少少有点信心认为，这篇译文似乎还没有给莫泊桑写自然美景的杰作掉份儿！……

译莫泊桑小说感言之二
——"化境说"与粉饰

在文学中，还有一种特别的情况，即由于这种或那种原因，作者的描述也可能有失误、矛盾、不合理、用词不当、描述条理不清晰的时候，原因不难理解，作家也是人，生活在现实社会中的作家，不可能不碰到经济、政治、社会公共关系、朋友交往、身体状况以及恋爱婚姻等的难题，困顿、不适、不愉快、痛苦、忧郁等个人状态，不能不对写作生活有所作用和干扰，他们虽然是天才惊人的"上帝选民"，在现实生活中也难免没有顾此失彼，多虑分心，"智者千虑，必有一失"的瞬间，而在作品中留下了瑕疵、毛病、缺点、失误、残缺或重复……

对此，怎么办？情况是复杂的，说法是多样的：一，肯定是译者译错了；二，一定是不同的版本文本不尽相同；三，排印错误；等等。在各种各样的说辞中，作者本人的嫌疑相对比较小，他是写书人，他怎么会把自己的书写错呢，而在这些说辞中，译者的嫌疑相对比较大，译书需要经过那么多的技艺流程，涉及那么多的知识、那么丰富的词汇量，作品的头绪那么纷纭复杂，每一步都有坑洞等你踩进去，何况译界还有那么多流派，公说公有理，婆说婆有理，那么多是非曲直谁能分得清？

还是让他们自己说清楚责任在谁吧，于是，译师经常成为背黑锅的角色，遇此情况，译师怎么做那就要看他的信仰了。如果他信"直译说"或者"硬译说"，或者头上沾过愚忠的圣水，那么，他只能靠上帝去保护了。法国人中这种迂人相对比较少，上帝可以少费力气，费加罗、吉尔·布拉斯、雅克都这么善于维护自我，要上帝帮忙干什么？如果是费加罗式的译师，碰上了这种情况，他祈求上帝的那两个祷词还没出口，恐怕就已经擅自把译文按他自己的口味改好了，他对这盘菜的加工恐怕就不是一般的"添油加醋"了，是的，我对这种费加罗性格很欣赏，我赞成他这么做，他从一个添油加醋派变成了一个改译派，这是一个启发，一种态度，一种行为。

这是把水搅浑，还是弥补艺术？是亡羊补牢的善举，还是违反译道译德的恶行？见仁见智，因人而异，如果是创作型的人，追求完美者，要他们宽容善待，似乎并非不可；如果评论者、鉴定者是各种类型的"红衣教主"，批评、谴责、追查原罪，就在所难免了。

在莫泊桑的小说中，就有这样一篇作品，而且，偏偏是他的重点之作《月色》，《月色》几乎是他倾注了全部描绘才能的一部力作，他在描写这个月夜的魅力与优美上可以说是不遗余力，其中的一段可以说是他描述中的重点之重点，其原文如下。

例二：Des rossignols lointains mêlaient leur musique égrenée qui fait rêver sans faire penser, leur musique légère et vibrante, faite pour les baisers, à la séduction du clair de lune.

英译：Distant nightingales shookout their scattered notes–their light, vibrant music that sets one dreaming, without thinking, a music made for kisses, for the seduction of moonlight.

特别是这样一段，可说是他的倾心倾力之作。如果我的感觉没有错的话，他在这一段不仅想描写出月夜的美，而且想描写出他内心的感受。在我看来，这一段描写颇有仿贝多芬田园交响乐第二乐章主旋律之嫌，在朦胧的月色下，他不仅要描绘出梦幻般美的月景，而且要交响着夜林中的万籁之声，颇像贝多芬笔下树林中小鸟的歌声与流水淙淙的交织。但是如果把这两段比较起来，那么莫泊桑是要逊色于贝多芬的，他展示出的大自然的美、条理与层次显然不如贝多芬清晰，两个发音物体的声响、攸关与融合的程度，以及大自然的这些声音的交响与倾听者感受打成一片、融为一体，也不如贝多芬那样水乳交融，浑然一体。对此，作为一个读者与听众，我们会为莫泊桑感到惋惜。那么，我作为一个译者，又会持何态度呢？这里我讲不出什么高深的艺术哲学动因，这里我也找不出我心里的深刻根由，反正我没有完全顾原文，而按我的理解和感受，对莫泊桑的文本进行了有迹可见的调整，甚至进行了音响起伏关系的重组。我译成这样：远处，夜莺在不断地歌唱，引人入梦而扰人思索，那轻柔而微颤的歌声是专为爱情而发的，更增添了月光撩人的魅力。

坦率说，这段译文显然不属于"直译""硬译"的品牌，很可能经不起与原文字对字的核对，但却没有违反莫泊桑求美求精的创作意图，没有把硬译风格带进译文，多多少少使译文具有悦读性，我自以为是在"化"，把莫泊桑的意图与努力"化"为像样的中文文本。这个例子，在我看来，似乎可以跻身于"化"之列，不失为译道化境上的一员后备兵。傅雷大师的传人罗新璋先生评曰：通过译文比较，可看出二译之不同。赵译，根据原文，译其文字；柳译，领悟文本，译其文学。赵译，

"隐身"在原著之后；柳译，则往往"现身"说法。"隐身"是隐去译者自身，"现身"是现学有所成的研究型译家。柳公涉足翻译莫泊桑，已非初出茅庐的译人，俨然是在外国文学界有影响的著作家，有自己的行文习惯和相当的文字功力。虽译述他人作品，也透露出译者的身份意识。但对于罗大译家这一段评述，不知高明的读者是否首肯认可？

译莫泊桑小说感言之三
——"化境说"与一字用得其所的力量

　　我在前一篇感言中，谈"添油加醋"问题的时候讲过，化境的"添油加醋"并非随心所欲，任意妄为，而要有一定的依据，如何"添油加醋"，用什么力度，或添或减，用什么表述方法达到化境，用什么词汇体现出、完成到什么程度，都需要大加讲究。要知道，到了严肃的译案前，"添油加醋"或略有不足，是不难与原作品的文本对照出来的。程度稍有过头过分，或过淡过弱，都可以沦为译的失真失信，成为无功而返的"化"，成为缺腿的"化"，两者都是失败的。较为严重的很容易被谴责为凭空想象、胡编乱造，这种谴责简直与指责你是骗子无异。因此，在一般的情况下，"化"得不当其罪比"译"得不信罪名似乎更大，"化"字失误比"译"字不信名声更臭，"化"字被人视为畏途是不在话下的，而对于喜欢挥舞棍棒的人来说，要击中"化"者的伤口，也要比戳中译者的缺点容易得多，对"化"者，声色俱厉，义正词严，严加指责，或用两句不冷不热的话，含沙射影把对方撂倒也要容易一些。我自己在阅读方面，比较重视的是对语意文意的透彻理解，但如何更透彻地了解语意后的深层意味与语意后未见现身的事态、行为与表情，那就要更多地投入自己的智性了，总要运用自己的推理、补充与解释，其至是想象，而这些东西一旦在脑海里现形，很难驱逐得无影无踪，有时又偷偷地露头；有时又像聊斋女鬼那样不意现形，最怕的是脱胎换骨、改貌变形，这样也就比较容易地在"化"中失手或闪脚，至少与"化而不当"划不清界限。因此，我也许比更多的人视化境为畏途。何况，我还有天生的缺陷：粗心大意，粗疏成性，而偏偏又倾向于大而化之的疏忽，我就知道，我路上的潜在危险可能会比较多。因此，索性来个一了百了，这是我相当长的一个时间较少搞翻译而多到别的场地操练的原因。与此同时，我又告诫自己，小心翼翼，而在搞翻译的时候，只要一入化境，就要如履薄冰，在"译"与"化"两个工种中，我花的时间往往后者比前者来得多。

这里，我不妨讲一讲，为了挤进化境，而在一个字上大费力气的事情。莫泊桑小说中，有一个名篇，原文题为：Un normand，如果查字典的话，这个字的本意就是"诺曼底人"。诺曼底这个地方赫赫有名，就是第二次世界大战中，盟军登陆开辟第二战场由此击溃法西斯全部军事力量，最后取得二战彻底胜利的那个半岛。它深处在大西洋中，居民靠务农与打鱼为生，除此以外，他们还兼做其他一些小买卖，其至还有从事毒品生意的。整个半岛延伸在大西洋中，地区偏僻，环境蛮荒，民俗野蛮落后，民风彪悍，打斗仇杀，屡见不鲜，习以为常，嗜酒贪杯，为其岛风，滑稽可笑，脸寒皮厚，好吹牛，是常见的习性，嘻嘻哈哈，凡事皆无所谓，唯贪杯为乐，无事不乐观，是天生的乐天派。小说中没有不平凡的故事，更谈不上深刻的哲理与世道教训，其至连像样的故事情节也没有，只有马帝厄出了几次场，发了几次妙论，幽默风趣，让人忍俊不禁，揶揄调侃，引得观众开心大笑。莫泊桑拿这么一个小人物当主人公，细描摹写，仅仅为了小小地开这么一次心？不见得，这个目的似乎小了一点，也不像莫泊桑花了不少精力写了一大批诺曼底地区小人物创作规模所能有的创作动力。我们知道，诺曼底是莫泊桑的故乡，他对自己的故乡感情很深，他对诺曼底人很有感情，他几乎把各种各样的诺曼底人都写全了，他笔下的诺曼底人虽然野蛮、粗鲁、酗酒、脸皮厚、不卫生、狡猾，甚至撒谎成性，但是所有这些都掩盖不了他们身上纯朴的底色：朴素、爽直、坦率，甚至是天真幼稚。如果他的诺曼底系列写作目的，是要为这个地区的特殊人群留下心灵与性格的写生以及历史身影的话，他要这样做是非常值得的，也是很应该的，是作为得当的。他既要写出人群的众生相，也要写出这一个独特的面目与个性，诺曼底人（Un normand）这个篇名显然是最恰当不过的，但是由于这是一个特殊的诺曼底人，不仅是农民，是渔民，是老乡，而且是一个狡猾的泥腿子，是一个有点农村二流子味道的调皮佬，是一个老练的兵油子，他俨然就是主人公，把他译称为"一个诺曼底人"是否色彩太单调了？味道太平淡了？对，"一个诺曼底佬"。我记得小时候，常把比较复杂的人、心计多端的人称为"佬"……湖北佬……上海佬……"佬"，一个用得其所的字，也许正就是它！

一道幽默味的莫泊桑小说快餐

——《莫泊桑短篇小说选》（宇航版）译本序

　　莫泊桑是法国19世纪下半期的著名作家，在中短篇小说、长篇小说的创作中，硕果累累，业绩丰厚，其短篇小说创作，总共有三百余篇之多。

　　他有一个雅号美称："短篇小说之王。"其短篇小说以艺术技巧的精湛高超而著称，世人无不赞美其短篇小说的艺术性，将他作为小说技巧大师与楷模巨匠而顶礼膜拜。

　　由于莫泊桑在短篇小说领域里享有至高无上的声誉与地位，由于他短篇小说清纯如水的风格能给人提供最大程度的悦读感、舒适感，由于他短篇小说中精湛的艺术所带来的引人入胜的故事、色彩明丽的画卷以及栩栩如生的人物都给读者带来莫大的艺术享受，他自然成了最受欢迎的作家，成为现代读者最乐读、最爱读的作家。可以毫不夸张地说，有文化的现代读者，几乎无人不喜读莫泊桑，而对于现代人来说，如果没有读过莫泊桑，几乎就可以说是缺乏基本的文化修养。

　　然而，在当今社会里，在物质功利主义张扬的社会条件下，人们都很忙，读纯文化书的时间是不多的，偏偏莫泊桑的小说有三百篇之多，怎么读？只能有选择地读。我曾经表述过这样的看法："读莫泊桑三十篇足矣。"对于一个现代人来说，如果真读了三十篇莫泊桑，那就足以

"及格达标"了，完全不愧对这样一个小说艺术中的王者，称得上是有丰富文化修养的人了。

在异常忙碌的现代生活节奏中，即使只读三十篇，也是一件费时间的事。于是，就出现了"莫泊桑快餐"的文化现象，即小本书、小册子、小篇幅的莫泊桑短篇小说读物。这种快餐读物，我见到不止一本了，眼前宇航出版社出版的这一种，仅是其中之一而已。

面对着多种"莫泊桑快餐"文化读物，我们该重视的是什么？是特色，是品位，是不同的味道，这是一切快餐品牌的生命线。你能想象康师傅方便面只有一种味道吗？有红烧牛肉味的、香菇炖鸡味的、梅干菜扣肉味的、红烧排骨味的、翡翠鲜虾味的……这就跟冰激凌一样，有巧克力味的、有蓝莓味的、有奶油味的、有抹茶味的、有草莓味的等。

那么，现在，我们面对的这一道莫泊桑快餐，面对着宇航出版社出版的这本书，有没有自己特别的风味呢？有没有自己特别的口味呢？在我看来，有，那便是有幽默味。

我们且来看看莫泊桑几个幽默的小玩意儿：

其一，《一个诺曼底佬》。这篇小说的标题，从来的译家都译为"一个诺曼底人"，我以为译"诺曼底佬"似较传神。一，主人公本来就是个乡下佬；二，他带有几分江湖气，几分兵油子味，不是一个令人敬重的人物；三，这是篇幽默小说，作者对主人公多少有点揶揄、嘲讽的意味。而"人"一词，则太科学化，太无色彩化了。

短短五千来字，把一个乡下佬描写得如此生动传神，引人发笑，殊为可赞。作者抓住两大个性特征，集中渲染，笔墨酣畅，是为成功之途。最为根本的还是因为这个人物本身就挺"逗"，挺可笑，可恼，可叹，可鄙，但决不可恶，倒多少有那么一点可爱。

他贪杯嗜酒而又自作聪明，颇与侯宝林相声中的那个自称能爬手电筒的光柱，只不过不屑于去爬而已的醉鬼，有异曲同工之妙。至于他贩卖神像的生意，简陋、渎神，既发散出泥巴味又发散出江湖骗术味，颇不合此一行当的"职业道德"，着实有点"可气""可恼"，但还未流于大坏，且确系出于他贫穷农民与顽劣酒徒的自然性格。如果他有意为之，那他不仅是带给了这篇小说一些幽默情趣，而且他本人就是一位行为幽默的大师了。

其二，《小狗皮埃罗》。这是一个生活小故事，讲一个诺曼底乡绅太太养狗与弃狗的过程，像一则生活小品，除了颇合动物保护主义者的口味外，不见得有多少社会意义，也没有反映什么值得一提的社会现实，只是通篇无处不流露出幽默的情趣，确乃幽默风格的佳品。

其三，《烧伞记》。这个家庭主妇平时抠门吝啬，丝丝入扣，已属少见，为了白捞几个法郎的"赔偿款"，而故意把伞烧坏，就更为另类了。她这个人，她这桩事本身并不幽默，但莫泊桑使其可笑与可鄙跃然纸上，令人发笑，则是为幽默了。

其四，《戴丽叶春楼》。卖春（说得直露点则是卖淫）是人类历史上最古老的一种职业，随着社会的发展，这种职业早已由个体方式又发展出"工场"方式以至"产业化"方式，这篇小说写的正是这种职业的"工场"方式。

涉及这个题材，历来的文学作品要么是做道德化的处理，表示轻鄙与谴责，要么是做社会化的处理，揭示其作为社会问题的危害性，要么是做悲剧化的处理，表现风尘女子的悲惨不幸。这篇小说截然不同，是做了风俗化的处理，以轻松淡然的笔触素描出这个行当中一个小"团队"的日常生活，别具一格，在世界文学中可谓另类佳作。

摒弃了浓重、强烈、刺激的因素，摆脱了意识形态上的高势与肃穆，逃离了情智上激昂与殇满，而保持着平淡与轻松，自然就形成了一片沃土，盛产幽默的沃土。何况作者原本就是以描写自己对特定生活群体幽默的观察与幽默的情态为目的的。

请看两节绝妙的描写。一，戴丽叶春楼放假停业，在城里几乎产生了类似"停水停电"的恐慌，引发起一批男性顾客无名之火无从发泄而在街头大吵大闹。二，戴丽叶太太率领自己的脂粉团队到诺曼底乡下旅行度假，被纯朴的乡下人视为纯洁的仙女，她们几行不堪回首的眼泪，却引起了整个教堂里全体信众神圣的宗教感情与号啕大哭。两个场景的后面都露出了作者温和的讽嘲与幽默的微笑，而且还深藏着他对人性人欲与世态人心的深刻洞察。所有这一切，使得《戴丽叶春楼》成了虽然没有曲折起伏的故事情节与种种浓烈的佐料但却是引人入胜的妙品，成了以媚俗题材为内容但风致高雅的杰作。

其五，《项链》。这是短篇小说的典范，世界上没有一个像样的短篇小说选本敢不将它选入。它甚至进入了中学教科书。小说故事真实自然，叙述结构完美无缺，情节跌宕起伏，结局出人意料，语言凝练而又富有表现力，在世界短篇小说中，它是无人能超越的第一号极品。

将这篇小说选入这个选本，说实话，不是着眼于它的幽默风格。它的特点也不在于幽默，面对着这样一个故事：一个爱虚荣的女子，为了一次舞会，为了跳一场舞，丢了借来的一串假项链，而为了赔偿，付出了将近二十年的辛苦劳作，真是倒霉之极。也许，莫泊桑本人面对着这样一个惨兮兮的故事，自己也幽默不起来，我们这些读者也不会要求他去幽默，也不会要求他也来一点幽默。正好，读了几篇幽默小说之后，换一篇小说来欣赏欣赏莫泊桑小说的戏剧性与高超到了极点的小说艺术，这正像吃了几口酸菜牛肉面，再换一口香菇炖鸡面。

其六，任何人当编选者，编选莫泊桑的作品，恐怕没有一个编者敢于不收入《羊脂球》，理由很简单，它是莫泊桑的成名作，他一炮打响，走上文坛是靠《羊脂球》，他在小说史上奠定自己艺术大师的文学地位，也是靠《羊脂球》。

《羊脂球》与《戴丽叶春楼》一样，也与卖春题材有关，似乎也容易触动人们天生的有色好奇心，但令人感到惊奇的是，在现实生活中甚有恶俗嗜好的莫泊桑，却将这一题材写得那么干净典雅。

故事发生在一辆逃难的马车中，马车中有形形色色的绅士、太太、富人、上流人，他们与一个被人瞧不起的妓女共处在一个狭小的空间里，围绕着羊脂球那一篮丰盛的食物与普鲁士侵略者军官的无耻要求，每个人物的心理活动与嘴脸言行，都表现得淋漓尽致。结果那些高贵的人、有身份的人的丑恶嘴脸尽露无遗，而这个可怜的妓女羊脂球，则展现出一个真正的有民族节操、有慷慨人性的女性形象。

莫泊桑在描写这些富贵人家的先生、太太时，再次露出了他那惯常的幽默微笑，而当他们的面目尽露时，他的幽默就变成了尖锐的讽刺，甚至是不可掩饰的愤慨了。

薄薄一本书，显示出了自己独特的味道，这便是一种可取的快餐文化，有品位的快餐文化。

这道简单的莫泊桑快餐，味道似乎还满多样化。祝读者消受得满意！

柳鸣九

2016年9月4日

三　君子诚坦荡

小王子所遇见的基本状况与种种问题也是作者所欲启示人类思考的课题……儿童则在记住这些问题，而且会随着年龄的增长与时代社会的发展而思考得愈来愈多、愈来愈深入。我希望我的孙女将来是善于思考这类严肃问题的人群中的一分子。《小王子》将来该会成为可供她不断咀嚼、不断回味的一个童话故事。

——《新媒体、译本之争和惰性元素——就文学翻译若干题答〈中华读书报〉主编舒晋瑜问》

一生只为打造一个人文书架

——就获翻译文化终身成就奖答深圳特区报记者李萍问

（2018年11月19日，在2018中国翻译协会年会上，85岁的柳鸣九先生获得了中国翻译界最高奖——翻译文化终身成就奖。设立于2006年的翻译文化终身成就奖，授予健在的、在翻译与对外文化传播和文化交流方面做出杰出贡献、成就卓著、影响广泛、德高望重的翻译家。这对柳鸣九先生而言是一份意外奖赏，因为在他的多个身份中，如终身荣誉学部委员、文艺理论批评家、散文家、出版家……"翻译家"往往是靠后提及的）

日前，本报记者采访了这位眉发皆白、出门需坐轮椅但仍笔耕不辍的大家。

不迷信"信雅达"，倡导翻译新标准

李萍：柳鸣九先生，您获得中国翻译界最高奖，组委会给出了隆重的颁奖词："柳鸣九先生是我国法国文学研究翻译界的领头人……"对此您有什么感想？

柳鸣九：深感寒碜。这应该不限于对我译作的肯定，也是对我为整

个外国文学译界所做的工作的认可。

我将自己涉足的领域做了划分：法国文学史、外国文学思潮史的研究和文艺理论批评是主业，写这方面的文学史专著、理论批评文集和重大问题上的重要理论文章，以及主持大规模的文学史资料的译介与编撰；写散文、主持重要的规模巨大的散文丛书是副业；最后一个副业才是翻译外国文学名著。《柳鸣九文集》共15卷，其中论著占前12卷，翻译只占最后3卷，共约100万字，仅为文集总容量的五分之一。其中有《雨果论文学》《磨坊文札》《莫泊桑短篇小说选》《小王子》《局外人》等，基本上是中短篇小说，我译过的长篇小说，只有雨果的《悲惨世界》，但因病没有译完。

我智力平平、精力有限，只能在译海里这儿捞一片海藻，那儿拾一只贝壳，积累下来，总字数百万字，和毕生以翻译为主业的一些翻译大师，如傅雷、草婴等上千万字规模的译绩是不能相比的。

李萍：您那天没有参加颁奖典礼?

柳鸣九：因为我感冒了，替我领奖的是我的好友、浙江大学外语学院院长许钧教授，他也是法国文学的著名翻译家，是中国翻译理论的权威理论家。我们有多次业务合作，志同道合，我们友情真挚，情同兄弟。我敬重这位朋友的品学，在为人处世上，品性相近，格调相投。我珍视这种真挚友情绝不下于我创制出来的15卷本《柳鸣九文集》，因为真挚的友谊，不仅是友情相互感应的结果，也是靠相近的人格与风骨所谱写出来的。

李萍：您推崇、弘扬、大树新的翻译标准"化境说"，为什么?

柳鸣九："化境说"的发明权是钱锺书，不是我，我不过是坚定地支持了此说，大力地弘扬了此说，协助了果麦创建起"译道化境论坛"，推出了"译道化境论坛纪念文集"，并与译界同道名家高手根据长期积累的共识与翻译实践的经验，反复比较、斟酌，对新中国成立后大约半个世纪以来文学翻译事业的丰硕成果中精选出《化境文库》第一辑共10种比较努力体现了"化境说"译道的佳译，实际上对我国新中国成立后文学翻译事业的蓬勃发展、巨大成就与丰富的实践经验，进行了第一次认真的检视与总结，果麦此举可以说是我国文学翻译事业发展的一个里程碑。

此前，严复于1898年提出的"信雅达"三标准、三原则，我个人不建议用"信雅达"三标准、三原则来泾渭分明地衡量翻译作品的优劣，判断翻译技艺水平的高低。在译界，由于各种原因，一方面形成了对"信"的顶礼膜拜，事实上，把"信"置于绝对的至高无上的地位，另一方面对"信"采取绝对盲从的态度，必然造成对"雅"与"达"的忽略和损害。

2017年11月12日，我组织了"译道化境论坛"，邀来十多个语种的36位翻译家共同探讨外国文学名著翻译新标准。我和众翻译家颇为推崇的是钱锺书的"化境"说。1979年，钱锺书在《林纾的翻译》一文中，提出了"文学翻译的最高标准是'化'"。

"化"是一种理想，在实践中是不容易做到的，要做得完美则更难，但绝不是不可追求的，用这样一种协调的一体的批评标准，将有益于我国文学翻译事业的发展。

其实，如果还原到实践本身，似乎要简单一些。我的方法是，先把原文攻读下来，对每一个意思、每一个文句、每一个话语都彻底弄懂，对它浅表的意思与深藏的本意都了解得非常透彻，然后，再以准确、贴切、通顺的词语，以纯正而讲究的修辞学打造出来的文句表达为本国的语言文字。

简而言之，翻译就这么回事。

"一生只为打造一个人文书架"

李萍：您著作等身，出版了多少书有统计吗？

柳鸣九：时至2015年，深圳海天出版社出版了15卷本《柳鸣九文集》共约600万字，其中文学史论著、文化散文随笔共12卷，约500万字，名著翻译3卷，共约100万字。此外，主编项目，编选大型丛书，有数千万字之多。我乃北大一中等毕业生，终于被人承认为"权威学者""学术名家""译界泰斗"，当然，对此心理不平衡的、看着眼睛发红的、坚持不承认主义者，甚有人在，在地球上、在天国里（笑）。

李萍：近些年，您身受帕金森、脑梗等困扰，但依旧笔耕不辍，并著作丰富，是什么支撑着您在与病魔做斗争的同时不停写作？

柳鸣九：在下柳老头得帕金森病已经十好几年，脑梗已经发作过两次，但是我自己也没想到，虽然我的人影越来越淡出人世，但世人还不断看到我的文章在报端出现。何止是文章，在这两个"家伙"缠上我以后，为期七八年的时间里，我竟写作并出版了《且说这根芦苇》、《名士风流》、《回顾自省录》、《友人对话录》、《后甲子余墨》以及《种自我的园子》；还帮助我的老朋友深圳海天出版社主编了《本色文丛》，共出版了40多种；帮助河南文艺出版社主编了《外国文学名著经典》，共出版了近70种；主编了《思想者自述文丛》8卷；还主编了《外国文学名著名译典藏文库》将近100种；与果麦合作，开辟了外国文学名著"化境论坛"，并出版了《纪念文集》与《化境文库》第一辑10种。

回过头来看这些劳绩，自己都感到难以想象，所有这一切，偏偏就出自两个病魔压在命门上的一个85岁老头之手，此人既非神人，亦非奇人，仅为智力中等偏下、身高不过1米6差两厘米的"矮个子"而已。如果他有什么成功的经验的话，那么只不过是，他有一个恰当的志愿，即"为了一个人文书架"，他有一个合乎人道的理想，那就是为本民族人文积累添砖加瓦，而这个志愿与这个理想之所以能够实现，不过是几十年来，他一直专注地习惯地做他要做的事，他身上的习惯力量，也发挥了奇特的作用。

有强大吸引力的、有感召力的理想与宗旨，那就是贯穿在我一生中的"为了一个人文书架"这一条闪亮的红线。

惯性的力量让生命力延续

李萍：您目前的生活和工作状况如何？

柳鸣九：打开我的橱柜，全是药。柜门上，贴着我宽慰自己的小条，"多一本少一本，多一篇少一篇，都那么回事"。但在那张小条的上面，我还贴了另一张小条，上曰："纵浪大化中，不喜亦不惧，应尽便须尽，无复独多虑。"（笑）

附庸风雅，借一句古诗来形容我目前的心境与状况，那就是"沉舟侧畔千帆过，病树前头万木春"。这并非说我悲观绝望，躺在床上等死，而是宇宙的铁律所引起的，那便是人不论能走多长的路，尽头也都是一个坟堆。死亡面前人人平等，但人却代代相传，人类延绵不绝。

现在我只能这样说，我曾经也年轻过，我曾经也健步如飞过，我也曾戴着墨镜骑着自行车在长安街上急驶，在胡同小巷里转悠，不为别的，仅仅是为了在书桌前坐了好几个钟头之后，出来活动活动筋骨，或者是去消化消化腹中的美食。而如今呢，以上那些生龙活虎的生态俱往矣，目前完全是一个糟老头子了。过去一手漂亮的签名龙飞凤舞，洒脱飘逸，常听恭维者说"柳老师，您的签名像外文签名，有法兰西的味道"，天知道为什么不是英吉利的味道或者是美利坚的味道……而现在，我赠书签名时，往往要在名字后面注上一句话："帕金森病手书，笔误献丑，歉甚！"

李萍：这对您的生活和工作的影响是不是特别大？

柳鸣九：为了对付作为一个自然人所面临的危机，我的生活中增加了一些新的内容，跑医院，找医生，按时吃药，注意生活习惯，按严格的规律起居。这些新内容确切地说其实都是新负担，它们把我原来生活中惯常的一大块内容都挤掉了，不看演出了，不看电影了，与故人老友的交流、联系、休闲性的交谈以及节假日常规性的礼仪交往，也都从我生活中逐渐消失，说实话，这些丢失使我经常不无伤感。特别是因为我身边已经没有一个亲人，我把跟随我三四十年的一对农民工夫妇和他们的女儿当作自己的亲人，在这种非亲缘关系中，人为地虚拟出天伦之乐的氛围，把它当作千真万确的天伦之乐来体会、来享受。

李萍：接下去，您还坚持要写吗？

柳鸣九：有时候，我也像卢梭老年时那样，偶尔哼唱哼唱青年时期爱唱的歌，却发现自己哼唱出来的嗓音已经完全嘶哑、黯弱，而且跑调走音，自己便不知不觉潸然泪下了……但作为自然人，我的身体机能、天生的免疫力，仍在顽强地进行抵抗，我发觉我还有点天生的能耐正常运转，比如说，我还能看点书，我脑子还算转得快，似乎称得上上海人所谓的"灵光"二字，推理的能力与思维逻辑还比较正常，甚至可称强健，思绪中不时还能出那么几点彩，文思虽不如浩荡长江，但还算得上是涓涓细流，没有完全干涸，有时，在桌子面前坐一两个小时，没有想到已成的文稿已有好几页……

　　既然还有点工作能力，那么今天做了明天还可以做，明天做了后天还可以做，这样明天之后是明天的明天，我的工作进程竟然没有中断！我的生命还在继续！我的生命力、我的创造力还在继续。既然按着数十年的习惯与节奏这么运转下去，而没有倒下，那么对不起，这点生命力，这点工作创作力还得请你们继续坚持下去。我就这么自然地运转下来了。要知道，习惯力，就是宇宙的一大能量，而我这几十年恒一的生活铁律，既定的运作方式所形成的惯性运作力、习惯力，还算是优质的、坚韧的、强力的，那就必然会留下点什么。

2019年3月7日

新媒体、译本之争和惰性元素
——就文学翻译若干题答《中华读书报》主编舒晋瑜问

舒晋瑜：柳老师，《中华读书报》对您的采访，主要是想围绕您所经历的主要事件，反映您的学术成就，通过采访，告诉读者为什么您会取得这么多成就，是如何成就为今天的柳鸣九的。

舒晋瑜：您现在是怎样的生活状态？

柳鸣九：我的生活状况大致如此：我个人住的是一套约40平方米的公寓房，大概是三四十年前单位分给我的，搬进来的时候水泥地，白粉墙，现在仍然是水泥地，不过，是灰粉墙了，灰的色调有三四十年的时间留下的痕迹，因为我从来没装修过一次，甚至都没有重新粉刷过一次。我生活质量低，生活无情趣，几十年过的是枯燥的书斋生活，每天伏案爬格子，基本上不过星期天、节假日，没有到国外纯粹旅游过一次，北京的高级会所、高级饭店、高级商场我都去的极少，到旅游胜地"开学术会议"或"学习活动"，我也很少出席。数十年如一日，每天的休闲就是听听音乐，骑着单车在宽阔的马路上疾驰，所有的这一切我曾美化形容为一句话："一个布衣学者为了一个人文书架。"实际上，我也有一个癖好，喜欢去闻闻嗅嗅新书的香味，一种新的纸张与油墨混合的香味，然后就是带小孙女到外面去撮一顿了。要不然就是一个人坐着发呆，品尝品尝"布衣耕者"存在状态中的小笔收入，所带来的清淡享受，想一想接下去该如何干。但近十多年，我有帕金森病缠身，原来的一些休闲性活动，如散步、逛书店、朱光潜式的慢跑都不得不一一删掉。现在，我足不出户，深居简出，朋友交往寥寥无几，偶尔接待客人，不外是因为编书出书、组稿约稿。

在热闹喧嚣、五光十色的现实社会中，我完全是一个惰性元素，是生活现代化的落后分子。

舒晋瑜： 在豆瓣网上对比看了您和其他译者的翻译文章，又浏览了您的很多散文，尤其《小蛮女记趣》一文写得生动极了！您如何看待新媒体，是否也常常利用各种新媒体传播？

柳鸣九： 新媒体和网络现在的确很发达，我看到很多年轻人，有一个手机在手，什么地方都能去，什么事情都能干，在千里之外可以很容易跟家里的亲人通话，而且还可以看到对方。长途旅行一次有很多消费，身上一定要带一些人民币，过去我老愁藏在身上什么地方，才能在途中避免失窃，看现在的年轻人，甚至连钱包都不用带，有一个手机就够了。还有，过去有什么不清楚的问题，就要用不少时间去查资料，现在常听人们说，"我上网查一下就行了"。但是，我仍是一个科盲，我不会电脑，既打不开，也关不上，手机更不用说了。网络和新媒体的发展实际上没有给我的生活与工作带来什么重大的变化，不过也受益不少。其一，家里照顾我的保姆小慧掌握初步的技术，我可以请她帮我发短信、发电子信，结果是，我从小在父亲的监督下练就的一手颜体毛笔字都丢失了，有失也有得。近些年来，我得到最大的一个益处是，我写文章、搞翻译，不用再伏案爬格子了，而是由我口授，要我的养女小慧用手机录下来，再转到电脑上成为电子稿，然后印出来，再由我修改调整，这样成文的速度比过去快一些。老朋友与学界的后生带点调侃对我赞扬说：你的人真是少见，你的文章倒是常见，书也一本本地出，"柳公，你宝刀不老呀"！很多人都戏称我为柳公，大概是看我满头雪白，须眉皆白的面子。其实，我常在报刊上与书架上和读者见面，也得益于现代的新科技，当然也是与我养女小慧的辛劳分不开的，这十几年来我的文章和著述以及翻译作品，都是小慧敲键盘替我敲出来的，《柳鸣九文集》（15卷）共600万字，很大部分都是出自她的这种现代化手工劳动。不仅如此，我这二三十年的生活，全是靠小慧小艾这对农民工夫妇照顾的，我能过上饭来张口，衣来伸手，四体不勤的生活，因而才得以全力以赴地去爬格子。承阁下垂询，"为什么您会取得这么多成就，是如何成就为今天的柳鸣九的？"我的回答是：笨鸟先飞，笨鸟多飞，投入了更多时间去进行"脑力劳动"。这不仅是因为我治学还有些勤奋劲儿，而我能有更多的时间去治学，又得益于农民工的劳动，这也是你所垂询的我生活状态的一个重要方面，而这样一种生活状态正是中国现代化初期农村人口政策现代化所带来的一个结果。谁说我与中国现代的进程无关呢？

舒晋瑜： 现在网络发达，又有了翻译软件，什么难题都可以解决。您认为翻译可以被替代吗？

柳鸣九：网络的发展，又产生了翻译软件，那是我没想到的。我认为，翻译软件完全可以解决简单的翻译，比如说"厕所向右"，但是复杂的翻译，比如说文学翻译，我认为要靠电子技术来完成那是没门儿的，因为文学作品中的神来之笔，需要译者精妙的灵感与丰富的想象，每一个软件工程设计师能有这份才情设计出这样的程序吗？

舒晋瑜：您如何看待经典作品的重译？

柳鸣九：经典的文学作品，之所以是经典，就在于它思想深厚、意味隽永、色彩缤纷、形象灵动，就像一个千红万紫的大花园，谁能说自己有足够高超的文笔，能把所有一切再现得十全十美？福楼拜很讲究"一个字用得其所的力量"，对于文学创作是如此，对于翻译何尝不是这样呢？人类各种语言的词汇量已经很大了，要翻译家一定选出一个最恰当的字表述出原文超高的那种意境与效果，谈何容易？但是，你能说只有自己能找到而别人找不到？既然你没找到难道也不许别人去找？所以，不要以为"某个作品是大爷我首译的，它就永远是老子独有的"，这种画地为王、插旗称霸的思维是十分要不得的，过于跋扈，独占心太强，对文化学术发展不利。

我所知道的反对重译论或轻视重译论的人，性格中多多少少都有唯我独尊、傲视一切的雄心与王气，但自我的这种主体意愿恰好与文学名著经典的根本性质与存在机能恰巧是互不相容、尖锐对立的，文学经典名著往往百年难逢，千年难遇，一个时期，一个时代能出现一两部就不容易了，靠的就是它的博大、丰富、充实、精彩、深刻、精妙，色彩如大自然一样丰富，语言表述如行云流水一般的灵动，它正是靠自己这种优越的素质与无穷的魅力而存活为经典的，它也是因为有这些素质而长寿的而不朽的。这真可谓"天生丽质难自弃"，而它这种长久存活机制之关键就是重译。本来，名著的优质魅力对后代人类自然就有再译重译的驱动力，对后来的才俊有不可抗拒的吸引力，而使他们甘愿冒"炒冷饭"之嫌而去重译，甚至是冒"模仿抄袭"之嫌。要知道，一幢美丽堂皇的建筑是靠众多的砖瓦匠你添一块砖我加一块瓦而成的，同样，一部世界经典名著在某个国家在某个民族中出现一个理解得最准确、最透彻，再现得最神形相似、最流畅、最文采飞扬的译本，正是一代一代人，一个一个研究者，一个一个译者逐渐积累、逐渐加工、逐渐精雕细刻而成的。您要我举例子吗？可以，我个人认为，罗新璋先生的《红与黑》译本，就是一例。我作为他在北大的同班同学为他鼓掌，引以为自豪。

这是从经典名著本身的存活机制与存活条件而言的。再从社会的文化发展需求而言，不同时代阅读需求而言，常用语言的发展，不同时代读者的审美要求与口味的变化也对经典名著的重译提供了客观的必要性与需求。有社会需求就有职业行当，致力投身于斯的才俊也就成批成批。新中国成立后，大多数经典名著很多都是重译的。改革开放后，名著重译的译本大量地出现，这不是坏事而是好事，一部名著有十来个译本，甚至有数十个译本，这无须有识之士不以为然，予以轻鄙。值得令人欣喜的是，这至少是社会阅读量在增加，公众阅读品位在提高，社会文化出版与书业在走向繁荣昌盛的景象，标志着我国文化事业在繁荣，学贯中西的才俊队伍在增员，以及外语教育在优化。

舒晋瑜：经常有人在网络上将您与郭宏安等人翻译段落拿出来比较，您认为这种比较有意义吗？

柳鸣九：这件事颇有那么点戏剧性，有点看头，我想围观看热闹的人，相对可能会多一点，谁不喜欢看戏？不喜欢看热闹？这场热闹，我自己更喜欢看，我想看出个究竟。因为，我跟郭宏安的关系有那么一点小小的渊源，我们两人都毕业于北京大学西方语言文学系的法文专业，同一个系，同一个专业，不过我比他早大概两三届，也算是先后同学吧。郭宏安是社科院研究生院第一期研究生，人们经常简称为"黄埔一期"，因为这一期可谓英才辈出，后来出来不少著名的学者、教授、名流，郭宏安就是其中的佼佼者。他上黄埔一期的时候，我在社科院已经工作了几年，在学术界也已"混了个脸熟"。很不好意思，竟在社科院研究生院忝与李健吾、罗大冈两位前辈老先生排名在一起，同为黄埔一期法文专业的导师。我那时"嘴上无毛"，个头矮，高帽之下，心里发虚。除了也担任了讲授法国文学史与辅导研究生写毕业论文等教学任务外，还多承担了一点跑腿打杂以及一些学术事务性的工作。如：打开水、擦黑板、组织笔试和面试，以及阅卷评分，招收录取以及分配导师等有关的学术组织事务工作。

郭宏安从黄埔一期硕士生班毕业，以其优秀的成绩，当然是进了社科院外国文学研究所，而且恰好又进了我当主任的南欧拉美文学研究室，两人又同在一个单位一直至今，共几十年之久。我在那个研究室长期"执政"期间，从来都是效前辈卞之琳先生行"无为而治"，完全按拉伯雷的格言"Fais ce que voudras"（随心所欲，各行其是）行事，对于郭宏安这样的英才，从来不加任何约束，让他充分施展其才，做他乐意做的事，他大概就是在那个时期，开始研究加缪并译《局外人》的。不过，他在我这个研究室待的时间并不长，就到本所的理论研究室当主任去了。

从上述关系的叙述过程可知，我与郭宏安先生可说是老相识、老熟人、老同行、老同事，不敢说相交很深，至少可以说是相知甚多。把我们两个人推到网络屏幕上进行比较，其实就是像导演一场带有PK性的视频，甚至可以说，就是一出"师弟脚踢师兄称雄擂台"的好戏。别说可以引起更多的网民前来看热闹，就是我自己也对这场热闹蛮感兴趣，我很想知道这场武戏的结局，看看编剧导演最后给称雄擂台的英雄发了什么样的颂词与奖状，而那个倒霉蛋受贬责到什么程度……久而久之，感到不就是那么一场争强斗胜的事吗？意义不大……有点无聊。不过，正因为与我有关，不免思绪丛生，感慨良多，真想写一篇题为"学术与PK"的正式文章。您的采访提纲问新媒体对我的生活影响大吗，答曰："甚大。"媒体上的议题引起我写文章的冲动，已经是多年没有了，如今竟有了一点提笔上马的冲动，您说对我的影响不大吗？究竟写不写这样一篇文章，此乃后话，以后再说。且让我先把看这场PK视频的体验与感受讲述完。

的确，我一开始对这场PK视频很感兴趣，而且持欢迎态度，觉得对自己不无受益，正有机会给自己照照镜子，在学术文化上谁能做到十全十美呢？白居易每成一诗还要念给老妪听，看她的反应。如今有网络这么方便，能看到社会上各种人的反应也可算是幸事。即使这件事不无引起微词非议之处，但总的来说，我认为是一件好事，是值得高兴的事，这不仅是因为学术文化的发展本来就需要讨论、比较、评议，百家争鸣本来就是有助于学术文化工作发展进步，而且，读者和网民是关心到了文学名著的鉴赏翻译，议论的是翻译质量的长短优劣，这比起过去文化领域中出现过的恶搞、胡闹，有了很大的提高，谁说我们的社会文化学术没有进步？读者水平的提高，这就是值得高兴的一大进步，我觉得应该表示欢迎。然而，这件事中有引起微言与非议之处，的确并非"无中生有""无风不起浪"：任何完善的视频，也属于"令人遗憾的艺术"之类，即使是有最高明的本子与导演。这场PK"视频"也不例外，久看之下，重看之下，最隐蔽的穿帮，也难免不露点痕迹。简而言之，在一个物质功利主义泛滥，经济功利驱动为先的社会风气中，即使是比较淡素的学术文化事务中，清流也难免混有杂质而浑浊，讨论翻译的技巧艺术，译笔的优劣问题，语言修养的高下问题，本来是不应该带有预设的倾向与既定的感情，更不应该有既定的结论，而应该是充分地摆实例、充分地分析、充分地讲道理、实事求是地进行分析，然后得出优劣的结论。前提必须是有理性主义的态度与公正的立场，通过实事求是地分析与说理，得出的结论才是切实的、公正的，才是真正有学术文化意义的，才是有益于学术文化发展的，有益于翻译工作提高发展的。

但是，网络上关于这个PK"视频"译本比较问题，不止一次隐约地露出了些微的人为痕迹、结论预设的痕迹，往往是一个提问人大声吆喝一声，"郭宏安的译本好，还是柳鸣九的译本好"，接下来就是众人答"郭宏安的译本好"，"我喜欢郭宏安的译本"，"我买郭宏安的译本"，"我选了郭宏安的译本"，"我选了译林版的郭译"，基本意思相同，但为了表示各人的个性化，用词稍有细微的差别。而且口味与时俱进，更较浓郁，提问人提的问题，更上档次："加缪《局外人》的译本谁的最好？"提问人的话只用改一个字，众人答话，都一个字不用改了，真有零度写作文风之妙。网络上这样的栏目有那么寥寥数条，于是，就出现了一种网络话语、"舆论一律"。在这里，几乎没有什么言之成理的议论、实事求是的分析，而只有一个坚硬的话语、不容置疑的答案。

很长一个时期，我面对这种有人为痕迹的舆论，久思不得其解，百思不得其故。后来，在一次朋友聚餐中，听说网络舆论中，有"水军"一说，这才开了一点窍。人为预设，当然与经济功利有关，与经济收益有关。不过，令人感到奇怪的是，虽然网络上的舆论贬声一片，我的加缪《局外人》那个译本，其销量似乎远远领先，我这个译本于2010年由上海译文出版社出版后，已由该出版社制作了两种版本，一个版本大概重印了18次，共141400册，另一个版本重印了8次，共39000册，两个版本的重印次数共达26次，共发行销售了18万册。由此可见，我这个译本大概算得上是一个"销路最好"，给出版社"赚钱较多"的译本，也就是说，一个最受欢迎的译本，一个被更多的读者选择的译本。而读者，众所周知，就是著译者的上帝。一本书有广大的读者在读，有广大的读者喜欢，才有自己的生命力。

上海译文社这个译本营销如此成功，当然与他们的制作精良、装帧雅致有关，但总不能说，与译文的质量无关吧？于是，在公众面前，就出现两个事实，一个是很受读者欢迎，被更多人所选择，一个是在网络上获得了一条"优等生"的鉴定，Number one的"桂冠"，这两个事实，你要我相信哪一个？你要我赞成哪一边？别人采取什么态度，我都不会去管，我也管不着，读者满可以自我选择，这是他们神圣的权利，反正我这么一个糟老头子，我看重的是上海译文出版社《局外人》柳译本版权页上印得清清楚楚的再版次数与重印册数，对我来说，那是两个多么有温情的数字啊，是两个多么可爱的数字啊！"两个可爱的数字，我要大声喊道，柳老头爱你们！"

讲到这里，我想记者先生也许会认可我上述表态，不过，这里我还要进一步表示，这场PK视频对我还是一场教育，是帮我提高的一课，为什么我又说得这么谦虚呢？是不是我又在"自我矮化"？这次倒是不见得。这次PK的确指出了我《局外人》译文中的一个缺点，有些人把它称之为"硬伤"，那就是《局外人》最后一章最后一段话中有这样一句："现在我面对着这个充满星光与默示的夜，第一次向这个冷漠的世界敞开了我的心扉。"这句话里，我漏译了一个词"tender"，就是"温柔的冷漠的世界"中的"温柔"一词。这个词在法文原文那句话里的确是比较难译的，它的难译不在于它的本义，而在于它要与原文中的indifférence一词搭配起来，当时感觉到它难译，也决心找出一个最精确、最理想、最精妙的译法，但一直没找到，其实，这个词的本义并不难译，按照字典来直译的话是相当容易的，窃以为法语系的大学生不用到大学二年级就可以轻易地把它译出来，不外是译为："温柔的""温情的""柔和的""柔软的""亲切的""动人的"等，说实话，这些译法我当时很容易就想到了，但我都不满意，都排除掉了，这便造成了漏译，如果我只是想这么对付一下的话，我是决不会漏译的，但是这些译法都令我不满意，我想得到一个贴切的、理想的、精妙的译法，但我一时没有想出一个最恰当的形容词，如果要实现我自己的理想追求，那就还要使把劲儿；如果放弃我自己的追求，按普通直译译法应付一下，我又实在是不甘心。因此，就把问题挂在那儿，自己赶着译下去……挂久了，竟然还忘了有一个形容词没解决，这样就匆忙交稿了。而真不应该的是，一直到2002年出版的时候，我竟然把这个挂起的问题忘得一干二净，以致一直到我被称为法国文学的权威学者时的21世纪才被人抓个正着，指责为一个"硬伤"。听说有一个大学低年级教师在课堂中谈到这件事时，就声色俱厉地指责道："某某人他居然犯了大学低年级学生也不应该犯的错。"谢谢他如此严厉！对我来说，真可谓"一走神就成千古恨"，翻译是一件需要小心翼翼、反复检查、小心料理的事，要舍得花时间去修理、打磨。在这方面，罗新璋先生算是我的楷模，他的翻译可谓是精雕细琢。我自己稍一闪失便摔了一跤，惨痛的教训呀！要知道，从九楼摔下来，与从二楼摔下来，效果是不一样的！至少看热闹的人、说俏皮话的人、义正词严谴责的人，要多一点！自己摔一跤还是小事，对不起读者与出版社是大事！在此，我向他们表示歉意！

要把原著的原意都表述出来，不应该有所漏译，这个问题固然重要，因为，这关系到译事中的一个"信"字，这是译事的第一要义。

但如果把原文中的每一个字直接简单化地搬运成中文，看似完成了译务，尽责称职，但按原文的词义又遵循或基本上遵循原文的词序，搭配或堆积而成的译文却会令人难以理解，这个问题也不容忽视，因为它基本没有做到翻译三要义中的另一要义"达"。"动人的冷漠""温柔的冷漠"就有一缺陷、这一不足、这一遗憾。这样译来，每个词倒的确一个没有遗漏，但是搭配成为"温柔的冷漠"，"动人的冷漠"到底是指什么？到底是个什么玩意儿？读者是很容易感到费解、迷茫、困惑的，译者的整体任务仍然是没有解决，"革命尚未成功，同志仍须努力"。那么，问题如何解决呢？我以为，最重要的途径还是应该从原著文本中去找。且看《局外人》最后这一章，这里，应该首先看清楚《局外人》最后一章究竟写的是什么。是冷漠吗？不是，而是词义明显的一个词monde（法文：世界），加缪的笔始终就没有离开主人公视野范围之内的现实环境，而这现实环境正是这个世界的一个组成部分，因此，这句话的主语不应该直译为"冷漠"，而应该是"世界"，所幸目前广行于市的几个主要译本英雄所见略同，都变通地译成了"世界"，而不是死板地译成了"冷漠"。这一点是讲得过去的，因为从近现代以来，西方文学中，凡是对现实世界持人文主义标准去衡量、带质疑的眼光去审视的作家，几乎没有一个不是把世界与冷漠联系在一起，而不是把世界归于温柔的、动人的属性，存在主义作家当然属于这样一个人文人道主义的潮流，而所有取得了世界地位的文学家、思想家基本上对这个世界都是持审视态度与辨析的、不以为然的眼光来面对的。固然因为对温柔的冷漠难以理解，而漏译了"温柔"这个状语，的确是一个不容小视的问题。那么，因为不太容易理解，就采取一个词一个词地照搬，而译成了一种费解的，不知何意不知何物的"温柔的冷漠"或"动人的冷漠"，是不是就解决了问题呢？我一开始就怀疑这一点，因此，我没有把"温柔"这样一个定语与"冷漠"这个主语，生拉硬扯配搭在一起了事。实际上，在这里，并没有译出读者易理解、能理解的那种定语，因为主语和形容词各自的性质是搭配不成的，格格不入的："冷漠"这个词，带有坚硬的无情的性质，"温柔"这个词，则是柔软、温暖、感情外露外溢的，把这两个词硬结合在一起，是拉郎配似的处理，是强制的、生硬的，是简陋的，是粗野的，甚至是水火不相容的，是不同性质对立的。要解决这个问题，不能从这两个词的原意去找答案，只能从加缪的作品中去找答案。书中，加缪千真万确把这两个内涵截然不同的词硬性搭配在一起，这是他的作家权利，"神圣不可侵犯"，但对这一配搭如何理解、如何分析、如何认识、如何判断的权利，译者就也得有一点了，而如何把这句话诠释表述转译得更贴切、更准确，把它转化为另一种语言文字如何既不违背作者的原意，也符合客观事物的真实、本质、形态以及不以人的主观意志为转移的规律与常情常理，译者的自主权恐怕要更大一点了，"将在外，君命尚可有所不从"，应该给译者这个空间。把一句话译得更准确、更符合作者的思想倾向和他所要表述的程度，也许更值得译者探讨，indifférence和一个什么形容词配，才符合作者的原意，才符合作者在作品中展出的生活形象，才能使读者看得懂，想得通，理解得了，也许更为重要。在这里，显然有更多的学理、译理需要探讨，有待探讨，远比是否漏一个词更有"学问内容"，更属于翻译学理范畴。显而易见，其他几个译本的译法，还不能说是尽善尽美，首先是读者对这样的配搭，很可能觉得费解，温柔的冷漠，是指什么东西？看过加缪作品的人，研究过加缪哲学的人，能讲出一个所以然吗？这句话里的主语是indifférence，这个主语才是要描述的对象，它是主人，而tender并不是描述的主要对象，而只是用来陪衬对象的形容性的词语而已，它不是主人，而是"服务者"、陪衬人，越是把它的内蕴充分译出来，就越是喧宾夺主，越是像哥蒂埃穿着大红衣服出现在"爱尔那尼之战"的舞台上，越是一种被强制勉强配合成了"温柔的冷漠"这样一个费解的东西。不言而喻，加缪通过默索尔的荒诞经历，表现了这个世界现实生活中的不合理方面、消极成分、缺乏人情常理的性质，把前一方面视为"温柔"的方面，而把后一方面划入"冷酷"的范围，他虽然没有把这个世界的不合理消极方面，表现得像但丁的地狱那样黑透了，恐怖透了，令人痛苦透了，也不像巴尔扎克的《人间喜剧》中那样复杂诡诈，充满铜臭味，而是像不少崇重形而上学的作家那样，喜欢把这些现实生活消极景象用indifférence这样一个带有哲理化的抽象名词、形而上学的名词来概括，那就是"冷漠"。那么在这两方面，加缪更加审视辨析是哪个方面呢，窃以为当然是第二，因此，对待作品中这样一个最最基本的特点，我们应该特别重视，如果不是为了应付一般的译务，找到一个温柔动人的词，拿来和"冷漠"强行结合，结果反而生造出来一个"温柔的冷漠""动人的冷漠"这样一个令人费解的组合。我觉得这样做有两个缺点，一没有把生活的复合性、复杂性、善恶互相渗透的状态充分、细致地表现出来；二就是把两种性质不同的事物用强制的办法结合到一起，而不是采取比较细致、比较软性的办法，把它们真正地融合在一起。

自从我发现这个漏译之后，我经常对此进行琢磨，在琢磨之中，我始终把握这样两点：一、加缪既然在书中主要写的是生活中的荒诞、冷漠、不合理，因此，indifférence这个词要译全，要译完整，不能打折扣，既不能再加任何其他的调料成分来冲淡它，也不能让这样一个异己的词语完全地控制它，威逼它，弱化它，小化它，就像不能让楚河侵蚀了汉界。如果保持这一清醒的意识，坚持这一条原则，那么把这样两个对立性质的词语结合在一起、搭配在一起还勉强说得过去，才与加缪心目中的世界状态相符，还与他心目中善恶并存、杂然交错的复合状态相符，因此，补译修订中，我的态度是偏向于"治水""限水"，说得直接明白一点，就是要给"动人的温柔""亲切的温柔"这个方面的意思得打打折扣，适度控限，甚至有所削弱。最后我的修订语句是："现在我面对着这个充满了星光与默示的夜，第一次向这个冷漠而未温情尽失的世界敞开了我的心扉。"终于，在上海译文出版社前几年的一次再版中，我正式做出了如上的修订。稍后，在果麦的译本中我也是按此修订的。这就算是对出版社、广大读者与我的同行译友所做的一份交待。请大家审定。

如果今后还出现漏译的版本，那就很可能是未经我修订而出版的，其来路恐怕就值得怀疑了。

舒晋瑜：能否说说您是如何翻译《小王子》的？在您之前，也有若干翻译版本吧，您决定翻译之前，是否要通读了解这些版本？

柳鸣九：《哈姆雷特》中有这样几句台词："亲爱的霍拉修，很多事情都是在你的哲学之外。"我借用这句话答记者问已不是第一次了，请允许我再用这么一次。我之翻译《小王子》与当时有没有若干翻译版本、是否需要通过了解这些版本一类问题无关，而完全是感情生活的产物，是理性思维的结晶。

学外文出身的人，对文学翻译一般都有兴趣，我也不例外，但大学毕业后，我基本上是在文史研究与理论研究的工作岗位上，本职工作内容的浩瀚与艰深，要求我全身心地投入。能量守恒，一个人的精力有限，在这方面投入的多，在那方面就相对要少，对才智超群的人，也许可以例外，但对我这样智力平平的人，完全如此。

但我的文史研究与理论研究，毕竟与翻译在某种程度上又很难分家，因此，这些年来，我也零零碎碎搞了一些翻译，而且，回过头一清点，总数量也不下百万字。但我所有的翻译作品几乎都是我主业工作的副产品，或者跟主业工作有关而被逼出来的译本，很少是出于我个人的意念主动翻译的。我这个译本《小王子》，大概要算是一个例外。我之所以要译它，简单地说来，仅仅是为了我的小孙女柳一村（Emma Liu），仅仅是为了送她一件小礼物，为她而译。

2003年年初，当我将要进入古稀之年的时候，在美国的儿子儿媳的小家庭里，喜添了一个小千金。儿子已经事业有成，生活安稳，又为我生了一个可爱的孙女，我自己在人生历程的心境上也觉得上了一个"新台阶"。过去经历过由一个大学毕业生上升为创业者的台阶，后来又进入为父者角色的新阶段，而今又成为一个老祖父，也算是完整地走过了人生的历程，心境有所不同了，所想所念也有所不同了。在这个阶段，自己个人的事业、声誉、影响、得失都开始显得微不足道了，甚至开始从思量与意识的领地里隐退，而兴趣、关心、思念、意愿，却不知不觉朝第三代的这个小生命身上转移。这个小家伙的魅力真大！

虽然远隔重洋，我对这个小孙女却了如指掌，这是因为老伴朱虹为了帮儿子儿媳渡过婴儿出生后头一个年度的难关，毅然发扬慈母精神，从波士顿大学客座教授席上请了一年假，来到他们家帮助照顾母婴二人，因此，能每天看着小孙女的变化成长。她以老祖母的慈祥之爱与出色的人文学者的理解力相结合的眼光，观察着这个尚在混沌朦朦之中的小女婴，竟然发现了那么多的可爱与有趣，而且几乎每一两个星期就与我通一次越洋电话，让我分享她充满亲情与富有情趣的观察，这构成了两个老人之间最大、最温馨的乐趣。另外，再加上儿子儿媳每隔一小段时间就发回小千金的大量玉照，这样，我几乎就像是生活在小孙女的近旁，对她人之初的脾性、习惯、成长变化，甚至一颦一笑都了如指掌，从其中居然还没有少感受出、体味出丰富的意蕴与意趣。正是有老夫人与儿子儿媳提供了丰富的素材，我才得以写出《小蛮女记趣》一文，这篇文章在报刊上发表后，颇得广泛的欣赏，故被我笑称为"自己的散文代表作"。

对小孙女如此熟悉、如此钟爱、如此思念，就不免总有要为她做点什么的意愿与志向，特别因为她的祖母已经为了迎接她来到这个世界而付出了整整一年的辛勤劳动。但是，为她做点什么呢？当然，可以为她写点散文（可惜我不会写诗），可以为她将来的教育贡献一笔"基金"，可以为她将来回北京游学、小住准备一处"落脚点"……但我实在离"大款"很远，物质财富实力的确寒碜可怜，更为关键的是，与对她的钟爱相比，我做任何事情、付出再多都是不够的，我的任何努力也填不满对小孙女的钟爱……我得一件件来做，我得做一件算一件……

2005年，一家专门出版少儿读物的著名出版社登门拜访，称他们计划出一套精装绘图本的"世界儿童文学名著"，其中有法国作家圣埃克苏佩里著名的童话《小王子》，请我为他们翻译此书，我当即表示无意于翻译此书，接着他们又请我帮助他们物色一位译者来完成这件事情，并帮他们保证译文的质量。这件事情拖了一些时候，在此过程中，我突然悟出一部儿童文学名著，这不正是为小孙女做一件事的机会吗？区区几万字，何必另费周折？自己动手不是更为方便吗？花不了多少时间即可为小孙女做一件事，而且在译本的扉页上标明是为小孙女而译的，这岂不是一件很有意义、很有趣味的事？这就像为小孙女做一件手工艺品一样，比如用纸折叠成一架飞机，用泥土塑一个小人，不都是一个充满乐趣的过程？只不过，眼前的这桩手工活，有更深隽的精神成分，因而也可能成为更长存的纪念。于是，温馨乐趣淹没了世故的考虑，我轻快地完成了《小王子》的译本。然后，高高兴兴在译本的前面加上了这样一个题词："为小孙女艾玛而译。"在自己心目中，这个题词胜于一切，重于一切，是一个老祖父的心意。虽然这只是为小孙女做的一件手工活，不包含任何致学图谋与文化用心，但选择了这样一个作家、这样一部作品，却不可避免地或多或少与文化的、精神的意念与思绪有关。

首先，这个童话堪称人类文库中一块精致的瑰宝，它写得既美丽动人又具有隽永深邃的含义，在儿童文学中，它是想象与意蕴、童趣与哲理两个方面最齐备并结合得最为完美的范例。一个稚嫩柔弱的小男孩在浩瀚无际的宇宙之中，独自居住着、料理着一个小小的星球，这大概要算是任何童话中最辽阔、最宏大、最瑰丽的一个想象了，比常见的一个小公主左右着一个王国、一个小女孩主宰一个古堡或管理着一座花园的意境要宏伟得多，博大得多，他所面临的处境、状况、课题与问题也更为巨大、艰难，对于人类而言，也更带有根本性，仅以他离开了自己的星球遨游宇宙之后，他要再回到自己那颗小星球上就难于"上青天"了，甚至更要难得多。这一类想象是常人构设不出来的，只可能出自像作者圣埃克苏佩里这样一个惯于从一万多米的高空俯视地球的职业飞行家所特有的高远胸臆。

小王子就是作者心目中的人类，小王子唯一可依存、可归依的就是他自己那颗小星球，小王子的寂寥感、落寞感、孤独感、嘤嘤求友的需求都是圣埃克苏佩里所要传达出来的人类感受，小王子所遇见的基本状况与种种问题也是作者所欲启示人类思考的课题。也许这些课题不仅对儿童而且对成年人来说都是稍嫌深奥而严肃的，但都是愈来愈多的人所应该思考的，也必然会加以思考的，儿童则在记住小王子故事中关于玫瑰花、关于飞翔与星际旅行的种种有趣故事的同时，也会慢慢学会思考这些问题，而且会随着年龄的增长与时代社会的发展而思考得愈来愈多、愈来愈深入。我希望我的孙女将来是善于思考这类严肃问题的人群中的一分子。《小王子》将来该会成为可供她不断咀嚼、不断回味的一个童话故事。

我译《小王子》之所以有那么些主动的积极性，还由于特别看重它那种难能可贵的"全球胸怀"。小王子所思考与面临的问题，都与他那颗小星球的命运休戚相关，他关怀自己那颗小星球，他为了自己那颗小星球而做了一切，因为他深知在浩瀚无际的太空中，他只有这个落脚处，只有这个家园。这就构成了这篇童话的"全球关切""全球胸怀"。众所周知，在人类历史发展过程中，居于意识形态殿堂的神圣高位者，往往是宗教宗派意识、民族意识、国家意识、阵营意识、同盟意识……在这些意识的名义下、旗帜下，人类历史上不知发生过多少次矛盾、纷争以至战争。虽然所有这些都是历史发展的过程所决定的，但不可否认给人类赖以生存的这颗星球带来了不少痛苦、破坏、灾难以至浩劫……随着人类历史发展的进程，特别是社会经济的长足发展与全球化倾向的逐渐出现与扩大，"全球视角""全球关切""全球胸怀"愈加有可能逐渐成为人类走出纷争困境的途径。正因为我们的地球已经为连绵不断的宗教对立、文化矛盾、民族冲突、国家纷争而不堪重负了，人类更有必要为了"同一个世界，同一个梦想"而多用心思、而多着力奋斗，更有必要大力宣扬有利于"同一个世界，同一个梦想"的理想，并"从娃娃抓起"。毫无疑问，《小王子》的作者在这方面是一个先行者。而我作为一个祖父，与自己的小孙女之间不仅横隔着太平洋的距离，还有两个不同国家的国籍与不同意识形态环境的差异，自然而然会特别赞赏《小王子》中的全球胸怀与全球关切。

我特别喜爱这本书，还因为它的小主人公实在写得太可爱了。他天真、善良、单纯、敏感、富有同情心，你看了，一定会觉得他就像自己的孩子，一副叫人怜爱的模样，他这么普通，与你没有距离，但又这么特殊，与你遥不可及，足以使人"总是沉没在悲苦的思念之中"。而且，圣埃克苏佩里还为本书作了插图，把他心目中的小王子描绘了出来，画得那么有趣，充满了温情与幽默情趣，使人难以忘怀……我虽然无福膝下有这么一个小孙子，但我完全可以把他介绍给我的小孙女，让他成为她的朋友。

你所问的我是怎么开始翻译《小王子》的，以上所述就是。以上所述就是我译《小王子》的开始和起因，是我个人家庭亲情生活方面的原委与由来，家庭亲情也是我为什么译这本书的真正内心脉络以及我对这本书的内容、价值的认知，我对它思想内核的理解，以及它思想内容的精华部分对我们今天的意义与价值，也就是说，是我作为一个人文学者，作为一个翻译者，为什么要做这样一件事情的理性根据与精神驱动。每个不同的译者之所以有翻译《小王子》的这样一个行为，每个人之所以去做一件事，去有所作为，总有自己的生活与经历的缘由，每个译者选一部作品作为自己翻译的对象，选一部作品作为自己付出劳动的项目，都有各自不同的生活缘由、不同的理性根据与精神驱动力以及审美诱惑力。别的译者为什么要译《小王子》，为什么译《小王子》的人这么多？我想可能是各种各样的、形形色色的，我不敢妄议其他我所尊敬的译者究竟有哪些动因、意图与目的，但为什么有这么多有识者不约而同地在译这本书，在读这本书，为什么一个国家出现如此多的《小王子》译本？我想不外是有这样几种：一种是《小王子》是世界上"发行量仅次于《圣经》的一本书"，改革开放后的中国人，得知了这样一个信息，虽然一部分中国人对西方文明价值标准与时尚效应仍有轻蔑敌视情结，但在中国，信奉西方文明价值标准并对西方价值标准心怀敬意的，仍大有人在，这个信息就足以为《小王子》在有文化教养并经过了外国语言的教育与训练的青年中征集了一批"粉丝"与效力者，他们效力的第一着，往往就是把《小王子》翻译成中文。据权威的翻译理论家许钧教授的统计，在中国，《小王子》的译本不是寥寥几个，也不是八九十来个，竟达到了将近一百个之多，而《小王子》在全球发行量的信息，在中国所能呼应的读者，恐怕就要达到千百万了。还有一种舆论对推动"《小王子》热"起着不可忽视的作用，那就是什么什么都要"从娃娃抓起"，甚至，文化艺术素养和技艺竞争的起跑早在出娘胎之前就开始了。《小王子》声望如此之高，当然也就成了每个家庭儿童教育的必备书。此外，还有一个因素，那就是因为《小王子》篇幅短，只有几万字，译起来比较容易，用不着译者花十年二十年漫长的岁月才能完成，也用不着出版社、文化公司花一年以上的出版周期就可以把成本收回来，甚至还大有赚头。于是，在世界上，一个还没完全摆脱贫穷、落后状态的发展中国家，却出现了一个规模更宏大、温度更热烈的单项文化热潮。我个人认为，这件事是好事，而不是坏事。不要把它视为攀附西方文明的幼稚行为，不要把它看作没头脑、赶时髦的一窝蜂盲动。这是中国改革开放历史进程中一个文化繁荣的景观，一个欣欣向荣、归向正能量的社会文化新景观，是补充自己、弥补自己、提高自己，全社会振奋、发展、壮大的一个略影。它吹散了、刮走了、清洗了旧历史时代旧社会现实落后污浊的社会风气所带来的那种低级趣味、庸俗品位、恶搞胡来、看图识字式的弱智文化等。《小王子》的热潮却使人感到了人类雄浑的力量，辽阔的胸怀，高远的意境。如果在这方面，记者先生更提出一些引人思考的文化问题，我想我们的访谈可能会更有意义。可惜阁下接下去提出的问题又倾向于茶余饭后的谈资了。如：译者有没有看过别人的译本，参考过、借鉴过别人的译本，有没有对照过别人的译本等这些翻译琐务，其内心的潜意识恐怕就是这样的：重译中的翻译，有多少是译者自己译的，有多少是译者参考别人的，有多少是译者照搬过来的，这是不少人面对着翻译作品、面对着翻译者时，在自己那副堆满尊敬与崇拜的面孔后面，往往都藏着一个乌东的伏尔泰雕像脸上的那个讥诮的微笑。

足下刚才提出的问题，其实就是在问我，我走上这条译路后是怎么做的，或者更深层的意思是，我在译这本书中，是如何处理和其他既存译本的关系问题。

您问我为什么要翻译《小王子》，这倒有不少话可说，这与我的翻译理念有关、我的翻译标准有关、我对《小王子》的认识有关、与我的家庭亲情生活有关，这些都是与翻译有关的更为重要的问题。一般来说，喜欢考究翻译内情的人，首先，关注的是，你事先读过这本书吗？你什么时候读的？在这个问题上，各个译者有各人的具体情况，不能一概而论。我的情况是，在2005年开始翻译《小王子》这本书的时候，我并没有通读过这本书，但是，我早就知道这本书，而且早就接触过这本书，零零碎碎看过的这一段那一段真还不少，这与我积累外国文学知识特殊的过程有关。本来，我家的经济状况几乎没有提供任何我接触外国文学知识的机会，而恰好我的寒门出身又提供了一条弯弯曲曲的小路。寒门出身嘛，没有钱玩这种游戏那种游戏，买不起票看电影，吃不起大餐，但有一个去处，那就是跑进书店、图书馆、租书铺，去闲游逛荡，大家知道这些地方的书籍都是开架的，橱窗里五彩缤纷的书，一本本都在书架上向你招手，走过去翻阅翻阅吧！就这样，我从初中之始，甚至是从高小的时候就有一个跑书店看"站书"的习惯，书店和图书馆的书基本上都是开架的，我在那里面完全是一个自由人，愿意翻哪个书架的书，愿意看哪本书的哪一两段都由我自己决定。十几年中，我一直保持了这个课外阅读的习惯，这种不正规的读书生活由此补充了我正规教育与书香门第这两条理想的读书道路，我早期零零碎碎的外国文学知识就是靠这种方式得来的，甚至以后，我有时还觉得自己通过这种野路子，获得一鳞半爪、杂七杂八的知识反倒比富家子弟的知识存量来得多。但这种陋习型的方式，这种野路子获取知识的途径，毕竟不甚可靠：不踏实、不扎实、不准确都在所难免，直到我主编"F·20丛书"时，我仍凭早年的印象，把《人类的大地》《夜航》两部作品，列为这位法国飞行员作家的代表作，而遗漏了他的《小王子》，这才使我从我的"五柳先生读书不求甚解"的自我幻想中觉悟出来。但我2005年拒绝为那家少儿出版社翻译这本书的时候，的确如阁下所言，社会上已经有了若干翻译版本，但是很对不起，我一本也没有通读过。只是在20世纪七八十年代之交我在酝酿和准备对日丹诺夫论断揭竿而起的那个阶段，真正认真地把这部闻名已久的杰作研读了一遍，为了在即将来到的论争中免得露怯。为备战而读，读得是要用心些、认真些、细心些。因此，我对《小王子》的基本认识，对它的精神价值、精神魅力、思想光芒的确认，都是在那次阅读中形成的。

以上就是我何以译起了《小王子》的生活经历与思想基础，它并非因为赶时髦、凑热闹，也不是被哪个译本所激励、所带动，而是得益于我要进行反日丹诺夫的备战需要。但实际上，由于思想逻辑与行文的原因，我那篇反日丹诺夫的报告并没有多少机会谈到圣埃克苏佩里以及《小王子》这一本书。因此，我准备的弹药并没有射出去多少，反倒在十多年后，我译出了《小王子》，而且出版又引起了一定轰动的时候，在一次答记者问时，我才把备战时形成的对《小王子》的认识与见解倾囊而出（见柳鸣九著《友人谈话录》中答《新京报》记者问——关于为小孙女译《小王子》一文）。其内容这里就不重述了。

我生平第一次翻译《小王子》是在2005年。当时，那家少儿出版社来我家约我译这本书的时候，我第一反应是明确谢绝，而且谢绝得很彻底。因为，那个时候我手头正有其他的工作，当然也因为我跟《小王子》的交谊并不深，它对我来说，完全是一部"迟到的杰作"。此外，也因为对方把事件搞得有点复杂，首先要我帮他们介绍一位年轻的译者来译这本书，而由我负责审校与保证质量，我嫌事情有点复杂化了，也许麻烦会更多，不如自己译出来给他们了事，还因为作品篇幅不长，花不了我多少时间，把手头的事放一下就可以了却此事。当然，还有更大的两个动力，一是我有了一个非常可爱的小孙女柳一村，我一直想为她做一件事，留一个纪念品；二是我对《小王子》这个作品有了些独特的认识与理解，认定它是一部非常值得翻译，也是一部很应该翻译的杰作，特别是作者把地球上的一切人物与事物召唤到小王子的面前，让他清澈的眼光去审视，让他纯洁的心灵去思索与置疑，这种哲思式新颖的批判旧世界的态度，给人类文学中有积极意义的批判现实主义传统，带来了崭新的思维方式与视觉角度。还有一点我特别赞赏、特别尊崇的，那就是作者在作品中，开创性地提出了"全球意识"与"宇宙胸怀"，给20世纪现代派虚无主义思潮所造成的浑浊而迷茫的氛围带来了清新的气息，使人类头脑为之一醒，形成了人类"全球意识"的第一次真正启蒙。面对这样一部有重大意义的书，我能无动于衷吗？能无所作为吗？于是，几个原因就汇成了一股强大的力量，驱动着我找来原文本立即翻译了起来。说老实话，根本就没想到要去调查此书在中国出版的情况以及要去通读各大出版社的几个主要译本就上路了。不过，我过去所见过的译本，也并没有给我留下多少好印象。最主要的是，有的译本的译文比较粗糙，读起来没有"悦感"，本身就不像一部"文学杰作"。窃以为，合格的优秀文学译本，至少本身就应该像一部文学作品；优秀译本的译文，首先就应该是经过不着痕迹的修饰、经过反复锤炼的文学语言。这就是我简单的翻译理念。

我从事翻译是相当晚的事情，远比译界的前辈元老晚许多年，也比一些"少壮派元老"要晚一些。虽非译林"名家"，面对着某些大出版社的上佳译本，自己还不乏信心，觉得自己未尝不可能提供另一个虽不敢说更为优秀、但至少能叫人"悦读"的译本。

至于我上路之后是怎么做的？对此我完全可以简略地回答："对着

作者的原文译呗！""译累了喝杯茶呗！"但我知道您这个问题的关注点，不是这种烦琐的细节，而是我的劳动方式。不是一家大报所关注的有关翻译的理论与文化原则等问题，而是对翻译这个文化行当，有些好奇心的读者感兴趣的花边花絮，是茶余饭后谈资性的问题。既来之，则安之，我就索性把这个问题说得彻底一点，索性让喜欢看热闹的人，把翻译当作茶余饭后说闲话的人搞个明白。

"你读过以前的译本吗？"很抱歉！没有读过，情况如上所说。

"你在下笔译第一个字之前通读过全书原文吗？"这倒是必须做的一件事情，不过，我做得不够细，仍然有"五柳先生读书不求甚解"的旧习。"那你怎么办？"在关键之处，对有碍于"甚解"的词汇去查字典呗，这里说句实话，我查字典查得不少，因为我小心，怕记得不准，我根本不相信用不着查几回字典就可以译完整部书的神话，对有些字有些词汇，我小心翼翼地对待，就像初期老年痴呆症患者那样，出门前明明记得自己锁了门窗，但仍不放心，非要回家再检查一遍不可。这样，我远远没像某种大译家那样下笔神速，译绩海量，但也从没有遭到过"粗制滥造""错误百出"的指责。

柳鸣九谈读书与翻译

——柳鸣九答《中华读书报》记者问

中华读书报：能谈谈您童年时期的阅读吗？在抗战时期的陪都重庆，是什么样的读书环境?

柳鸣九：在清苦贫困的生活中，我的学习没耽误，父亲自幼仰慕文化，老悲叹自己大热天在高温的炉火前苦干的命运，在三个儿子身上，他主意与志向明确而坚定，那就是"一定要读书"，将来一定"要成为读书人"。因此，到重庆后，我很快就上了附近的两路口中心小学，一直读到六年级毕业。

小学五六年级时期，我总算开始有了自己的课外读书生活。在我的学生时代，课外读书生活对我极为重要，它无异于给原来闭塞、无知的精神状态，打开了一道精神大门，开启了一扇心灵窗口，对我心智的成长、见识的开阔、知性的提高，以及后来的思想修养和业绩作为都发生了巨大而深远的影响，其作用在某些方面并不下于我大学期间所受到的科班教育与严格的业务训练。

中华读书报：您最早读到的课外书是什么?

柳鸣九：我最早得到的一本课外读物是《三国演义》。这部书不知道父亲是如何从他雇主那儿得到的，它成了我们家唯一的藏书。我一有空就随便翻阅翻阅，只记得从十来岁开始，我就不知道翻阅了多少遍。在不断地翻阅、细读与重温之下，我后来对这本书有那么一点达到了"滚瓜烂熟"的程度。

中华读书报：能说《三国演义》是您反复阅读最多、对您影响最大的书吗？

柳鸣九：这么说也非夸张之词。首先，它培养了我文言文阅读，或者用我自己的话来说，"半文言文"的阅读能力，但我的古汉语水平，后来一直没有继续提高，基本上就止于罗贯中式的文言文水平。这部书我越看越有味道，随着年龄的增长，特别是其中的军事智慧与政治智慧对我更是有吸引力。由于经常看《三国演义》，对那些通俗的演义小说都瞧不上了，以致什么《罗通扫北》《薛仁贵东征》《隋唐演义》这些人们常看的书，一直到现在我都还没读过。

的确，在后来，《三国演义》这部书对我的思想成熟大有影响，它逐渐使我开始有了一点政治头脑与见识眼光，懂得了一点韬略，虽然我这一辈子从来没有从政的志愿，也没有多少心术与谋算，但我喜欢观察政治，思索政治，喜欢作壁上观。

后来，我曾经有过研究国际政治的一闪念，虽然只是一闪念，毕竟说明了我有过一定的兴趣。所有这些可以说都与我少年时代读《三国演义》有关。当然，我成年以后，知人识事、对待人际关系，也多多少少从《三国演义》中间得到过启示，吸取过智慧，比如说我办事喜欢偃旗息鼓，做一件事切忌雷声大雨点小，多多少少是从吕蒙取荆州得到过启发。我至今都经常告诫自己要韬光养晦，行事低调，矮化自我，放下身段，就是从刘备种菜园子那儿学来的，只因为我这个名字实在是太张扬了，加以我脾性有点好名，所以，我虽然一直想学刘备种菜园子的处世姿态，但一直没有学到家。

中华读书报：除了《三国演义》以外，还有没有其他对您影响比较大的书？

柳鸣九：到了中学阶段，我才读到高尔基的《我的大学》，我与这本书一拍即合，根本的原因就在于作者出身于底层，经过自己的奋斗，最后得以成名成家，它教会了我两个字，那就是：奋斗。这对我来说是一个榜样，有激励的作用，有可仿效性，我整个青年时代当作座右铭的那句话"即使是对自己的小胜利，也能使人坚强许多"，就是从高尔基的三部曲中得来的。因此，如果要说有什么书对我青少年时期很有深远影响，那就是这两本。

中华读书报：您有什么样的读书习惯，愿意谈谈吗？

柳鸣九：从重庆时期起我就养成了一个爱好与习惯，就是跑书店。重庆在当时毕竟是陪都，繁华市面不多见，书店倒是不少的。在我住处附近，至少有两个小书铺。与其说它们是做卖书生意，不如说是做租书生意，出租的基本上都是一些通俗读物，其中剑侠小说占很大的比例，我最初就是被这些书吸引开始跑书铺的。我没有钱买书，也没有钱租书，就站在书架前翻书看书，一看就是一两个钟头，甚至两三个钟头，我把这称为"看站书"。说实话，像我这种不买也不租，光"看站书"

的主，而且隔一两天就来"看站书"，用不了多久，就很惹书店老板的厌烦了。我可没少遭过白眼，没少看过脸色，甚至被书店老板用很不客气的言辞对待，但我仍厚着脸皮去"看站书"。因为那些书对我实在太有吸引力了。我记得最初我最爱看的有两部，一部是《鹰爪王》，一部是还珠楼主的《蜀山剑侠传》，这两部书都是长篇多卷，特别是《蜀山剑侠传》，有三四十册之多，文笔甚好，想象力丰富，写得神乎其神，愈到后来愈神乎其神，但写的都是作为剑侠的人，而不是神不神、人不人、兽不兽的怪物，这是我特别喜欢的特色。我年轻的时候，多少有点容易耽于妄想的毛病，跟这大概有关。

从重庆时期以后，因为我一直都住在大城市里，每个城市都少不了有书铺，有租书店，于是从重庆时期起，"看站书"只是开了个头，以后每到一个城市，我都保持了"看站书"的爱好与习惯。兴趣也不断地扩展，从最初痴迷于剑侠小说，扩展到侦探小说，什么福尔摩斯侦探小说，亚森罗平侠盗小说，再扩展到通俗言情小说，如张恨水的小说，我早就通过"看站书"读过了。对比张恨水低一两个档次的冯玉奇的小说我也不生疏，这也许是我后来对情色文学并不大惊小怪的原因，甚至我还写过一本《法兰西风月谈》呢。当然小书铺、租书店除了这些通俗读物之外，也有不少正经的、严肃的文学书籍，也就是在这些小书铺里面，我读到了鲁迅、茅盾、老舍、郁达夫以及张资平、无名氏的小说。

我这个跑小书铺、租书店、"看站书"的习惯，从重庆开始，一直持续到我初中毕业。到了高中，已经是新中国成立后的时代，小书铺与租书店逐渐绝迹，于是我就改成了跑新华书店，但"看站书"的毛病则仍然延续下来了。我看得比较多的，几乎都是小说作品，杂文与诗歌我就很少去看，喜欢看、也常看的作家仍是这么几个：鲁迅、茅盾、老舍与郁达夫，对他们的小说名著《阿Q正传》《祥林嫂》《子夜》《虹》《骆驼祥子》《四世同堂》《春风沉醉的晚上》等等，我都相当熟悉。我有眼无珠，却没有好好读沈从文与丁玲，对巴金与郭沫若，不知怎么总有点难"进入意境"。不过，看归看，读归读，翻阅归翻阅，一到书店，翻阅的书就难以计数了。因此，中国不同时期出版过的中外文学书籍，几乎没有我不曾翻阅过的。说实话，我的中国现代文学的初步基础以及外国文化与文学的一般知识，相当程度上都是从跑书店、"看站书"来完成的。

奖状后的八十年攀登

——答《北京青年报》李喆记者问

柳鸣九：我与《北京青年报》副刊可算是老朋友了，我经常得到你们的关注，我也不止一次受到你们的采访，你们是北京广大青年的"哥们儿"，经常向你们广大的受众报道我的工作状况、生活状态，获得这样一个优厚的待遇，是我的荣幸！我再次向《北京青年报》表示我衷心的感谢！向爱读《北京青年报》、常读《北京青年报》的广大青年朋友致以我友好的问候与诚挚的祝愿！祝你们工作顺利，事业发达，心情愉快，生活幸福！

北京青年报：您是如何接触并进行法国文学研究的，对此您感触最深的是什么？

柳鸣九：记者先生，如果我对足下的措辞没有理解错的话，那么我认为足下的这段话其实是包括很多内容的，大致上有：我起始与法国文学是如何萍水相逢的、初期有哪些关系、如何开始法国文学研究的等等，至于我是怎么进行的，那几乎就是后来大半辈子的事了。

我出生在一个没有文化的市民阶层家庭，从小不知法国文学为何物。我一直跟随着家庭在几个大城市迁居，而我的父亲是一个仰慕文化、敬畏文化的个体劳动者，为了使我们三兄弟成为"读书人""有文化的人"，使我们得到完整而良好的教育，不仅一直没有让我们辍过学，而且上的都是好学校。我很幸运，从初中到高中上的都是当地重点名校：南京的中大附中，长沙的广益中学，重庆的求精中学，湖南的省立一中。中学教育是扎实而优质的，我考上了北大西语系，一个声名远扬的优秀西学人才摇篮，加以我从小就有跑书店"看站书"的兴趣与习惯，所有的书都是开架的，看站书完全凭自己的兴趣任意翻阅。十几年"看站书"的习惯给我积累了相当大量与中外文学、世界思想文化巨人有关的杂七杂八的知识，但我认认真真细读的书籍并不多，我记得有两本，一本是俄国作家屠格涅夫的《春潮》，一本是法国作家洛蒂的《冰岛渔夫》。这两本书都很平和，充满了温情，对我后来阅读倾向的形成是有影响的。比如说，世界文学中这种风格基调的作家作品我都很喜欢，而很早以来的跑书店看站书，至少也给我打下了关于世界文学名家名著常识基础，以至在从上大学直到老年，与同窗同学、与同行同道的学习与竞争中、在学术文化表现与成就PK上不仅没有输，反倒略有领先，地位略高那么一点。特别是那些狂妄自大、自认为是天才下凡的上海贵少富少，眼见这出身低、大学初期成绩分数低，到了后来，其精神领袖，称霸学界的"祖师爷"，竟宰鸡不惜用牛刀，竟动用了执政党给他的政治地位在报纸上发表公开文章，对这个老学生进行半点名式的中伤贬损，造成了极为轰动的影响，其行径遭到了党组织的批评与干预，只好灰溜溜收场。

但决定我一生的事业、兴趣、作为与成就的关键，还是我1953年从湖南省立一中高中毕业，考取了北京大学西方语言文学系，分配到了法文专业开始。北大是我生平一个重要的时期，决定性的时期，塑造成型的时期，不能不多讲几句。甚至后来半生中对我起了作用化"事件结梁子"也可上溯到北大时期。

到老年，与同辈学人相比，我之所以像同辈学人经常半认真、半调侃所说的那样，终于"名望居高"，"地位领先"，那则是在大学毕业走上工作岗位之后，由于种种不同的原因，才拉开前后距离的结果。学识上、学业上、学术影响上的高低先后，虽然是学林中最忌谈论的事，但却是学林中几乎每个人都在意、都爱谈，最爱比较的事，谁要避开，却避开不了，谁都最爱表白这是自己最不爱谈的事。"树欲静而风不止"，你避免谈，你想谦虚自矮，有人还质问说："你为什么这么谦虚"，言下之意，似乎说："你怕什么？你心虚了吗？"

还是再回到北大时期。

那时，我们正赶上北大的黄金时代，刚完成了全国院系调整，高等院校教育制度规范化成熟化，就西语系而言，其宗旨非常明确而具体，就是以培养西方语言文学的研究人才与教师人才，围绕着这个目的，课程设置得非常全面、周到、合理，而经过院系调整后，国内人文学科与外国语教学最高端的教授与名家也都来到了西语系，按照高标准、高规范的要求，严格打造我们这一批年轻的学子。北大四年对我而言，就是严格的科班学艺时期，这四年我学得很努力很刻苦，由于各种原因，我在班上并不算高才生，过去有的媒体报道我"以优异的成绩从北大毕业"，这是不大合乎实际的溢美之词，我应该澄清我并非班上的高才生优等生，只算得上是中等偏上。

说到北大四年，我这里想起，足下的前一个采访提纲，似乎问到过，我的文化学业道路，可以分几个阶段，如果按歌德那种区分法，我的学业时代，当然是要从中学算起，到走出北大的校门为止。但实际上，从小时候到北大之前那几年，那根本谈不上什么学业时代，那不过是我的文化学业启蒙时代，我不过是得了几张小学中学文凭，听从父训，立志要做一个读书人。为此，在他的严格监督下，练过颜真卿毛笔字，在楚湘文化的氛围里，背诵过一些古文，也练习过用古文写短信便条，如此而已。真正称得上是学业年代的，还是燕园未名湖畔那几年。不止一个人曾经问我，你在北大碰见的最难忘的事是什么？对你影响大的是什么？好像足下的前一个采访提纲里也有这个问题。如果按题作答，那就会啰啰唆唆，浪费时间和笔墨，要按我们湖南籍的文史名家钟叔河先生的教义，"短些短些再短些"，我又短不起来、短不好，而且贵报有言在先，这次留给我五六千字的版面，但在北大几年中印象深的事、可纪念的事、值得回忆的事，实在是太多了。且不管答记者问的文章怎么写吧，还是先珍惜大家的时间要紧，我就不妨只讲一句大白话一言概之吧：我记得北大几年留给我的一个最大的记忆，就是我总算开始成了一个有文化的人，半个有职业能力的文化人，就这么一件事而已。

在北大之前，我从小学教育中学教育以及"看站书教育"得到了一点学业收获，就像是夏天小孩下河摸鱼，不能说毫无收获，也能摸出几根水草……而在燕园的未名湖畔，别看未名湖面积不大，里面的"大鱼""大虾"可多得很，在学业上，我总算有了一个外国语的专业，说得小一点是个职业饭碗，说得大一点则是一片广阔无垠的天地，法兰西天地呀，法兰西文化的天地呀，从这里才派生出我的思想、我的精神、我的爱好、我的情趣、我的品位。

职业技能不用说就是外文。这里我应该澄清一个问题，我见过不止一个报道，说我是以优异的成绩毕业于北大西语系，我不知道这个牛是谁替我吹出来的，反正我自己没有吹。我看到这个报道，说实话并不舒服，我一贯信奉"君子好名，取之有道"，如果是就我后来在学术文化中的大动作、大作为而言（如对斯大林主义、日丹诺夫论断的揭竿而起）；或者是就我在理论上的重要突破而言（如挺身而出大声疾呼"给萨特以历史地位"）；或者是就我在专业学科上献出了厚重的学术论著而言（如我撰写与主编的三卷本《法国文学史》，两卷本《法国二十世纪文学史观》）；或者是就我为我国的人文文化积累、发展学术学科而完成的多项富有创造性的大规模资料丛书（如主编"F·20丛书"70种，其篇幅不少于数千万字）。如果是就我的"著作等身"而言［如《柳鸣九文集》（15卷）共600万字，其中论著、评论500万字，翻译100万字］；如果是就我学术文化劳绩的"惊人巨量"而言，人们怎么称呼我，如"著作等身""权威学者""西学名家""学界领军人物"等，我就不多讲客气了，因为公众与媒体确认这些学术文化实绩都展示在眼前，实至名归嘛，这是我之所以要澄清这问题的理由之一。

其二，若干年以来，社会中浮夸风气成灾，弄虚作假积习难改，成为扬名显荣、登堂入室、谋取名位、升官发财的方便法门。我不想占这种便宜，不想流入这一道浊流。我素无名位大志，亦无巨富之望，穿惯了布衣，没有靠这种伎俩去沾权位贪便宜的需要。对社会文化事业都有严重的危害，已成为社会的"牛皮癣"，这是一种可鄙可耻的污秽之沟，我不屑于跟它沾边，我耻于跟它靠近……

还有一点我要说明，一个人是否能成为音乐家，往往并不在于怀在娘胎里他听了多少贝多芬、莫扎特、肖邦，也不在于他出生的时候就有与生俱来的作曲天才、弹琴的特异功能，一个人最后成为一个什么样的人，当然更不在于大学一二年级时某些成绩，他得过几次五分、几个优等生的称号。人生是一个长期的竞走。

我所澄清的，我并不是以一个高才生、优等生毕业于北大西语系的，只是以一个良好生、中等生毕业的，主要是在外语的听力与口语上，我不如班上听力良好、口舌清晰灵活、反应敏捷的上海同学，我在这方面的成绩得优的时候很少，老是在一个"良"字上转圈，但我在另外的学科方面的成绩，的确还不错，甚至可说是优异的，如在文、史、哲的那一大片，而在涉及外语的笔头方面不敢说有两大片（中译法与法译中），大概有一片还很说得过去。

窃以为，看一个人的出息最重要的是看发展，而不是看初期的"分数"，不论怎么说，我在北大科班学艺的几年中，的确打下了一个还算全面的基础。外文的阅读力、理解力是从无到有了，我的语感提高了，我对文学阅读能力、感受能力、品味能力、通感能力、知晓分析能力、综合概括能力以及哲理化提升能力都得到了提高。如果没有在北大打下这些基础，我后来的翻译作品就不会有经受读者的查验，而成为得好评、受欢迎的几个流行译本。

时至1957年，我，这么一个中等生，就这么走出了校门。而且，我的创造力、深究力以及办事能力，出乎我的意料，在后来的工作中，也得到了验证。

就这样，北大的这么一个中等生走出了西校门，进入了大社会，他的条件与能耐如上所说，就这个德行。外部形象条件也不如高才生优等生那么优秀，或雄健如一匹骏马，或机敏如一只灵狐。我细眯的眼睛中见不到大眼珠，那是高智慧的窗口；我鼻梁上也没有戴眼镜，那是大学问的标志。一身布衣，一双球鞋，走出了北大西校门。这小子的前途是什么？我既不看好也不恐慌自卑。我自己不看好，是因为我只是一个良等生而不是一个优等生，一字之差这样一个小事，在西语系那样一个满堂充满了"侬""阿拉""灵光""上海人"的环境中，其压力之重只有我自己知道。直到我古稀之年，已经著作等身，名扬学界之时，我还感到有的人仍把我看作北大一二年级的柳鸣九，对我还保持着童子功般的牢固的轻蔑，称我为"大学者""大理论家"时，不是语气调侃，就是大打折扣，高帽子之下，毫无实绩可列举，空洞无物，没有几分钱硬货，就像《围城》中的赵辛楣称褚慎明为"哲学家"一样……"亲爱的霍拉修，很多事情都在你的哲学之外"。人生是一场马拉松竞走，在这个过程中，变化很大，往往出乎意料，而其原因则很多，最重要的，恐怕还是看你用了多大的劲儿，坚持了多久，你有多大的智慧（不是小聪明），能否找出最好的方式方法。

出校门走上工作岗位，多少还保存了一点自信，因为比起分数来，我更相信实际具有并施展得开的能力，而我还算是有那么一点施展能力，我相信自己对未来的工作还不至于入不了门，还不至于一点也拿不起、难以适应。是的，我就是这么个样走出北大西校门的。至于我身边的人对这个湖南小子职业前途、文化事业前景，几乎没有人看好。因为，他是个"良等生"，"中等生"这个称号就像一个小黄布条缝在衣服上，长久长久也摘不下来……

至于我身边的同窗，恐怕更没有人看好我，这湖南土小子，一点气派也没有，北大四年，连抽烟都没学会，是的，我从没有抽过雪茄，也没吃过巧克力……但我能够背诵贝多芬《田园》第二乐章某些曲调；是的，我一点派头也没有，还是披着从湖南穿过来的那件难看的黑布棉大衣，我是没有什么气派，不像那些认为自己一走出校门，就将成为光照大地的文化学术明星，或者成为才惊华夏的诗人，他们走起路来都姿态雅美、灵气十足，哪怕只是一支简单的纸烟，夹在手指中间，颠来倒去，也可以玩出好多花样……但我走出校门的时候，心中倒已有了一个榜样与偶像，这时，我眼前似乎出现了一个这样的景象：在未名湖畔，我遇到了他，那老头发白如雪，一只手弯曲在胸前，挟着两个讲义夹子，身穿普通布料的中山装，脚踏一双黑布鞋，步子是轻盈的，他走过的时候，周围的空气好像都纹丝未动，但每一步，却很沉着，非常稳健，稳如磐石……这时，我真想直向他奔去，跑到他的面前：鞠一躬，心里几乎要蹦出一句话来，"朱老，您是我的榜样，您是我的学术文化偶像，如果我能达到您成就的十分之一，我就不算白活了"。

我就这样从北大西校门来到了文学研究所，不论它的归属有什么变化，它一直是国内文史哲各学科大师云集的机构，故有"翰林院"之称。我在这里，虽然也走过坎坷路，经受各种政治运动的摔打、磨砺、煎熬以至伤害，但总算基本上没有大动窝，侥幸地在这里保持住了一只饭碗，一张书桌。这里的工作内容，正是我在北大西方语言文学系攻读的专业，到文学研究所以及后来调往外国文学所，实际上都是我在北大西语系学业的延伸与深化，而且是在更高一级的层次上的延伸与深化，在中国，有几个人能有幸在何其芳、朱光潜、钱锺书、李健吾、蔡仪、卞之琳、杨绛这样一些大师鸿儒身边工作？这是我一生中的大幸，而且我珍惜这个福分，那个时期，我专心致志，按西语系的培养宗旨，朝成为一个学者文化名家的方向直奔，具体来说，就是以在文学所兼职的北大教授西方文艺批评史权威朱光潜为榜样、为偶像。我学得也很努力，很勤奋，我单独一人住在一小间办公室的一角，清晨"鸡鸣起舞"，每天伏案绝不止八小时，直到深夜才就寝。其间，偶尔放点音乐舒缓舒缓，不是听贝多芬的《田园》第二乐章，就是又让他来敲门，一听他那三记敲门声，于一个鱼跃翻身而起，回到书桌前。那时，我身体很不错，身手颇为矫健，我一直重视体育锻炼，特别是学了朱光潜先生的样，每天都坚持慢跑。那些年，我每天的生活基本上就是按这种简单朴素、时间抓得很紧的方式度过的。

当年，带有一点休闲意味的，就是步出房门一步，来到走廊上，走廊一侧，全是青年研究人员的办公室，办公室里的主人只要都一步跨出门槛，走廊上就自然成为三五成群的聚谈了。说实话，这类青年人的聚谈还颇有吸引力，想不去参加很难，想从中淡出还需要点毅力。参加年轻同事的聚谈与闲聊，你可别小看这些三五人的聚谈闲聊的吸引力，毕竟这里是文学研究所，每一个年轻的实习研究员，都已在这里泡了几年，肚子里装了不少"杂学"，有文史轶事，有学林趣闻，有资料杂碎，等等。我作为文学所一个刚来的"小弟"，只要张着耳朵就可以捡到不少杂七杂八的野史，我第一次知道秦始皇的家事，就是从文学所走廊上听说的……同一条走廊里，有文学所近现代文学的好几个研究室的房间，现代文学研究室有一位比我早进文学所的青年，他也是上海人，上海复旦大学的高才生，虽然也喜欢与上海籍的人抱团为友，但他为人谦和，性格温良，对外地籍的同学也很友善热情，他聪明灵巧，为人却老实厚道，甚至显得有些稚嫩天真，他写得一手旧诗，填得一手好词，文辞美雅，品格宽和。

一天，不知怎么谈到了嫪毐这个人，大家都对《史记》上的那两三句描述不知其详，这位稚嫩的上海青年人炫耀自己的博学，便在嘻嘻哈哈中公布了答案。有人以为他是在杜撰其事，蒙大家好玩，这位上海青年才告白说："这可不是我自己杜撰的，这是权威学者钱锺书先生告诉我的。"接着他把自己获知的过程讲了一遍："钱先生不满的眼光，从他宽边厚眼镜的下方挑视着我，脸上带着半是微嘲半是责备地说：'你小孩子家家的，你现在还不到年龄，不该问这个问题。'"那位年轻的上海同学讲到这里，已是满脸通红……"不过，钱先生最终还是把嫪毐其人其事告诉了我。"仅此一端，也可以看出，我在进入外国文学所两年多，从这一类渠道也可以吸入一些知识见闻，这类知识是在外国文学所很难得碰到的，这是我比那些研究所原来的同学同事的伙伴在研究工作上进展得比较快的一个原因，文史不分家嘛，人心同形态嘛。在对"文""史"，对"人性"的"知"以及"识"的确比那些书香门第"富少""贵少"来得多，这是研究工作的一个重要条件，不论是对社会历史还是对研究对人、参观、考察、分析最忌的单一化，而必须多元化，而必须举一反三，应广泛联系，广泛比较。

起初，我还常到走廊上参加年轻研究工作人员的闲聊聚谈，后来发现这种闲聊聚谈特别浪费时间，往往半小时一小时就过去了，于是我参加同伴的穷聊和闲谈很少了，到其他办公室旁听小道消息、社会趣闻、花边新闻更少。青年同事中品清茶、喝小酒的雅聚中，从不见我的踪影。我从来不打麻将，玩扑克，没有什么星期天、休假日，甚至寒暑假都不回老家探亲。我努力学，刻苦学，从书本中学，在报纸杂志上学，从字典中学，向老一辈权威学，向有高效率、组织能力强的老干部学，向走路散步背诵课文的同学甚至把在北大时听到的一个同学坐在马桶上背单词的实践经验拿来付诸实践。客观环境也给我提供了各方面的锻炼机会，我在西方古典文艺理论译丛搞过翻译，做过编辑，我在文艺理论室承担过西方文艺思潮史的研究项目、文学概论研究项目，编写过高等院校文艺理论教材，承担过西方文学史的课题。至于各种文章形式，只要有机会，我都不放过，文学史的作家作品论、文学理论中一本正经的纯理论文章、生动活泼的美文评论、电影赏析短评、领导交下来的大批判文章，等等，没有我没有尝试过的。当然，我主要的着力点还是在法国文学史上，还有我后来喜欢写的散文上。因为我做每一件事情做得还比较认真，尽最大的努力，所以在这些方面，大大小小的作为还留下了一些值得一顾的劳绩。

这就是我从进北大到出来在社科院文学所工作后又到外文所这整个时期，可以说是我的"奋斗期"。综上所述，在奋斗期里的各种奋斗都是我过去大学中所学科目的实践锻炼，这种实践锻炼愈是多种，愈使锻炼者受益，愈能使一个研究者多受益，后又归于"综合效益"。我出了北大，之所以能"名声大振"，实与我的综合收益有关，我之所以被称为"多面手"、多才能的"著作等身"的人文学者，就是这个原因。

"向上爬期"，当然不是在官阶阶梯上往上爬，而是在学术界阶梯上往上爬，具体来说，我已经完全进入了当代学林，已经颇有了一些名气，要讨好我的人都当面奉承我是年轻的"名家""小专家"，等等。大概从这个时候起，我才偶尔听到我的母校北大老同学圈子里传来对我的称赞、正面评价与溢美之词，而我在本单位早已被提升为助理研究员，只等有名额，眼见就要升为副研究员，进入高级职称队伍了，但这时"文化大革命"突然来了，所有的事、所有的行程都被打断了！

奋斗期两个阶段，北大阶段与社科院阶段，在奋斗目的、奋斗内容，奋斗中遇到的压力与困境以及自我奋斗、冲出困境的方式与经验上都有相同相似之处，北大期是为打专业文化基础、"柳子奋战"与"实战方式"。

同样的问题，同样的境况，在一个人的历史中常是不止一次重复再现的，我这一辈子神经衰弱与高血压几乎没有离开过，病症来了，怎么办？又是一次再对战，又是再施用我那套"孙子兵法"，这部兵法，我也是在北大时期演练出来的，那次在北大的演练是我一辈子的开头一次，这次开头，开得好，是我终生的财富，不能不加些必要的说明。

1953年，我背着简单的行李走进了北大西校门，一个陈旧的网兜装着一个脸盆与漱口杯、一支牙刷、一个棕红色的箱子。华丽的华表，青绿的草坪，两幢古色古香富丽堂皇的古建筑，其中一栋就是我们系的教学楼与办公大楼。当时，正有一批穿着讲究的男女青年，几乎都是西式休闲装，没有一个正式穿西装扎领带的，如果他们真是那样着装的话，那一看就是洋得冒土气。男生个个俊俏，女生个个漂亮，鲜艳的高级羊毛衫，鸡心领里露出洁白的衬衫领口，在我这个披着一件黑色棉大衣的湖南土小子的心目里，眼前简直就像是天堂里的仙童仙女。当然，不是我在湖南家乡见过的那些吉祥年画中的仙童仙女，"大概基督教天堂里就是如此这般的情景吧"？那时，我还不知道，这群青年男女景观，不仅在我的面前令我有自卑感，也显得有些"洋派"逼人之感，其他系的同学，动不动就这么一句：你们西语系的……似乎，古波斯人在街上遇上一个法国人就惊呼："看！一个巴黎人！"即使在北大其他系英姿勃发的学子面前，也要多一份魅力，文明化的外观也要高那么一级。因此，我在西语系这个俊男靓女满堂，低头不见抬头见的小环境，所感受的压力也就自然而然要大得多。而且这些上海同学几乎都出身于社会中的较高阶层、富裕人家、书香门第，老师的宠儿，富裕门第的儿郎，教授、工程师的宠儿娇女……他们耳聪目明，口舌灵敏，在发音上比我有天然的优势，自然在课堂问答中，表现都比我好，他们得"优"是正常的事，我却老是在"良"字上打转，成绩压力也多一层，学习处于低势，这是要命的事，我知道将来分配工作，以及将来业务发展前途，莫不跟学习成绩有关，我深知成绩好才是硬道理，才是硬币，有了硬币，才能闯过人生的种种"关卡"。于是我使出了浑身解数，在各种成绩上狠下功夫，我课外下功夫的时间长，而休息睡眠的时间短，在课程上，不仅狂饮每门课的营养，每位教授的"绝技"，每门课的佳醇。不，不仅是以某一个学术名家为奋斗目标，而是向所有这些名家吸取养汁，像一块海绵似的尽可能从周围的营养层，如饥似渴地吸收每一位教授的营养。如吴达元的法文语法课就是北大西语系名家讲堂之一，他的文法课程是他自己编写的语法讲义，讲授多年，已达到成熟的程度，文法条例严格细密，讲义严明清晰，修完了它，学好了它，我的法语就能打下一个全面稳固坚实的基础了。李慰慈教授的精读课总是把一篇篇课本原文分析得通体透彻，故每一个单体词，每一个词汇的本意到它所延伸、所有的多层次内涵与多种微妙的意味以及在本文中、本语句特定的结构所起的独特的效果，都使人明明白白。而在李锡祖教授的课程中，每一个词条的词性是哪里来的，本意是什么，有哪些引申与演变以及由于那些时代、历史、社会生活的发展与演化，而在形态、含义与微妙意味上的变化，在他的讲解下，就像一束束根叶蔓延、色调缤纷多变的花卉，可学的东西太多了。即使每一位名家的举止、言谈、风度、形态也是名士风度的纯正样板，那些老师学习、效仿、培养名士风度的项目、细节，都是"起码的""初级的"。还有那些丰富深邃得如大海般的中外历史、中外文学史课，复杂得就像一个自成一体世界一样作家的精神世界与内心生活。总之，要修的科目很多，每门课都在课内有基本内容要掌握，在课外有课外作业要完成，我既要缩短与那些优等生的距离，还要额外加码，进行恶补。如修王瑶教授的中国现代文学史，当然要补读过去未读过的作家作品，鲁迅是必读的，但教授只要求读鲁迅的主要作品，而我却给自己添加了一个大任务，我竟然把零星时间都拼出来集成一大段时光，把鲁迅全集读了一遍，几乎对每一篇文章还都做了摘要。

同样，在闻家驷教授教法国文学史的那学期，我们要写学年学习报告，我本来只需要就雨果的一浪漫剧写一份学年报告，我却扩大了报告的规模与内容，把雨果的反古典主义理论檄文《〈克伦威尔〉序》（五万字）也啃了一遍，向划时代的经典文献开始迈出了第一步。这为我日后把这篇西方文艺批评史上气势恢宏、文辞色彩缤纷，开辟了浪漫主义新时期，结束伪古典主义时代的雄文，译成中文打下了基础。当然，自己精神不爽，心情不舒畅也是原因，不时难免究其由来。一是与几个上海富家子弟、天才相处，不时碰上他们轻蔑的眼光与冷漠疏离的脸色，有时还要听他们居高临下带侮辱性的言行，情绪很受压抑。二是自己陷入了生平第一次恋爱，对方是一个即将被派到欧洲一个国家去留学的女生，前途当然不可限量。这样两个人之间，已经有了身份上的鸿沟，一个是已得到国家政府优待的留学生，已进入了国家与政府组织上的重点培养行列，一个是再平凡不过、刚入学的穷大学生，其关系将来必然是"生死离别"，我第一次像罗密欧面对朱丽叶那样，感到前路茫茫，阻碍重重……这事给自己带来了极大的反感与委屈，而又无处倾诉，长期压在心里郁闷压抑的心情日渐聚结为难以疏解的疙瘩，多方面的原因，终于汇集在一起，最后暴发为一场严重的神经衰弱症……

　　噩梦时来附体，我经常做这样的梦：一颗炸弹从天而降，从头顶直入脑壳，炸弹令人恐怖的机制与过程，竟是如此缺德，它从脑门里直入慢慢地不忙不急地往脑袋中心寸寸逼近，火药的爆炸能量却不急不忙，一分分一毫毫慢慢地点燃爆炸，恐怖的巨像缓慢地全面地充足地彻底地爆炸开来，而你平躺在床上无处可逃，无法躲避那种爆炸的过程。爆炸的巨大能量，令人震撼令人恐怖地让你慢慢细致地品尝，唯恐你品尝得不充分，品尝的时间不够长。噩梦的危害和噩梦的邪恶就恶在这里，而白天还要背着书包来往在十几个教室之间奔波上课，一吃完晚饭，得赶快小跑奔向图书馆，以便抢占位置，迟到两分钟阅览大厅里的课桌位，就被捷足先登者占了个精光，回到宿舍既无做功课的课桌，也没有充足的照亮书本的灯光。而明天一清早就得爬起来按照前一天的时序轮转。我就这么整天昏头涨脑地熬了一段时间，眼见成绩下降的趋势已成现实，如此下去说不定就要面临辍学的危险，在这种境况下，我不得不下定决心，背水一战，使出了浑身的解数，数管齐下，几乎每天骑车跑医院。有"国手"扎针灸，自己熬中药吃，每天坚持几次体育锻炼，两次慢跑，两次太极拳。按时间不同的用途，有时把零碎的时间集中起来，打学业中的"大战役"，有时则是把整段时间分解小段，去打"外围战"或"小战斗"。而学习呢，则在学习方法，学习效率上下功夫，每天这样做最重要的是要坚持不懈，要有毅力。在这里，高尔基的格言成了我的座右铭，帮了我大忙，他说："即使是对自己的小胜利，也能使人坚强许多。"全面科学安排，以极大毅力安排整段时间，这样，我终于花了两个学期的时间，摆脱了危机，身体恢复了正常，也没有辍学，每门功课都正常修完了，通过考试，获得了良好的成绩，最后，以良等生的水平毕业于北大。我敢说，作为一个毕业生，我在各方面的成绩与专业实力，却不输于任何一个优等生，除了我的口语外，没有办法，我天生口拙，讲中国话尚"讷于言"，何况法兰西语乎？

说实话，上述这一段经历，是我生平中最值得纪念的时光，是我自己比较珍视的时光，因为它留给了自己一段有意义的回忆与一笔精神财富，以顽强的毅力克服困难、战胜危机的经验与实践。有了这样的经验与记忆，以后碰到类似的困难与窘境，自己也就心里有底，镇定自若，对付有方，决不颓倒，坚韧不拔，竭然而立，一如往常，恢复常态，依然自我，劳作如故。我自己智商与聪敏度仅为中等，身体并不强健，很少处于健康状态，而只能说维持在亚健康的水平，不时有各种小蟊贼小病来扰，一旦有小灾小病，沉下心来，自己主观的意志把以上那些措施与习惯激活起来，它们较快就结合成了抵抗力的网络，控制危机、制服危机，恢复机体正常运转。大学三四年级时的那次可说是首战成功，也就成了我的一笔财富，"第一桶金"。

大学毕业后青壮年的"创业时期，由于长期勤奋成习"的工作与生活，而发展为"积劳成疾"，早就得了"顽固性的高血压"，"体位性高血压"，等等。每当这些"小蟊贼"发作较厉害，我便启动那些措施与惯例，进入"抗战"时期，如此调养，危机过去后，是伏案爬格子，又慢慢积疾添疾，又来一次新的发作……半个多世纪的日子就这么两方拉锯不断，反复不断，终于到了2018年，我满85岁了……

一天，外国文学研究所的领导通知我，并转交了一封公函："柳鸣九先生获本年度中国翻译文学终身成就奖。"

我那天没有去参加颁奖典礼，因为我感冒了，替我领奖的是我的好友浙江大学外语学院院长许钧教授，他也是法国文学名著的著名翻译家，是中国翻译理论的权威理论家，他比我小二十岁，我们有多次业务合作，志同道合，为人处事，趣味相投，友情真挚，情如兄弟。他因为年小于我，一直尊称我为老师。出于对他广博深厚学识的敬重，对他在学术专业上的扎实与精深，特别是他为了推进与发展人文文化与法国文学整个学科的建设与发展，而表现出来的真挚热情、忘我精神与视同行同道为兄弟姐妹的思想境界，还由于对他宽广胸怀以及名家才俊的卓识与才干的敬重，我则一直尊称他为老弟。我在同行同道的同路人中、伙伴中，结交了一位卓越的才俊之士，是我人生道路上的一大幸事，是我在同行业学界所取得的一个重要的成就，我珍视高看与这一位朋友的友谊，绝不下于我创制出来一部15卷本《柳鸣九文集》。因为，真挚的友谊，不仅是相互友情感应的结果，而且也是靠相近的人格与风骨所谱写出来的。

四　晚年鸿雁集

人处于一定的社会境况中，应该做的与要做的事情显然很多，这些都属于面对人生、经营自己的人生、种自己的园子这个大范畴。但就我自己而言，我还是把『种自己的园子』，更多地视为投身于某种社会事业，致力于个人所宠爱的创造性技艺。具体于我则是为文化大厦添砖加瓦，则是打造一个人文书架，充实一个人文书架，完善一个人文书架。

——《敬请王蒙先生赐教——对拙著〈种自我的园子〉的说明》

给刘心武先生的信

心武先生：

承惠赠大作三种，很感谢！

我过去就是你《红楼梦》讲座的热心听众，很佩服你对这部名著做了深入的研究、分析与索引、考证的工作，显示了深厚的学者功力。而今，你又以严密合理的想象，再加以曹氏风格的艺术语言续写了《红楼梦》的后数十回，其难度更是令人赞叹！着实达到了当代小说创作劳动的高峰，可喜可贺。

对阁下赠书的盛情，无以答谢，且寄近期出版的拙著两三种，略表谢意！

另有一事相商，我所主编的散文随笔文丛《本色》，已顺利出版了第一辑八卷，以"有作家文笔的著名学者"为对象，基本上都是搞西学的，有许渊冲、刘再复、叶廷芳、屠岸、蓝英年、高莽以及柳某本人，现出版社固请我继续为他们做下去。第二辑则主要以"有学者底蕴的著名作家"为对象，初步已约邵燕祥、李国文、何西来等，阁下是"有学者底蕴的著名作家"中的最突显者，现诚邀阁下加盟，"小庙"如蒙慨然莅临，则蓬荜生辉矣！

附约稿说明一份，拙著《子在川上》即为文丛第一辑中的一种，由此可见该文丛的印制规格，希望得到阁下肯定的答复。

专此即祝

文安

柳鸣九

2012年11月1日

与邵燕祥先生来往信函

燕祥先生：

您好！

大函敬悉，承惠诺仍驻"本色文丛"小庙，如释重负，特致谢意！

此次的责编的确是个年轻人，三十有几，颇为精明能干，难怪自信有余，底气过头，加以身居操"三审权"的岗位，不免有相关的"职业气势"，不过就我在《本色文丛》（一）的合作经验而言，他比起对书稿任意砍伐成癖的编辑（这种编辑多的是），倒是要好一些，面对我等，小不周、小失礼在所难免，大不敬还不敢。对先生，他也还是很敬仰的。

至于海天出版社倒的确有些人文情结，《世界散文八大家》《本色文丛》等不止一个项目的创意与计划，都是他们自己提出来的，其目的就是要在深圳这一个"物质世界"，营造一片"人文绿洲"。过去我与他们素昧平生，毫无直接间接关系，他们不辞万里到北京找上门来，诚邀我主持其事，颇有点"礼贤下士"的味道，比起很多出版社（甚至是大出版社）物质功利至上，唯利是图，势利眼十足，轻鄙人文，此一家还算是难能可贵的，这是我愿意与他们合作的主要理由。既然合作，我只能首先以通力合作的大局为重，小节也就顾不上许多了，务实致俗，见笑！见笑！

　　然北南路遥，常有鞭长莫及之感，加以年迈体衰，老年病应有尽有，办事已力不从心矣，但愿《本色》（二）早日善始善终，卸下责任，在此之前，是否还有难题候着，实不得而知。若今后在行事中有不周之处，祈望先生大度包容为盼！好在格局已定，小不周、小不如意即或有之，大不敬是不会有的，不妨如先生所言，"听之任之"，鸣九入俗至今，总算亦略有所悟，凡事顺其自然，简单从事，难得糊涂，乐得清闲超脱，实为颐养天年之道也。

　　专此即祝

双安

柳鸣九顿首

2014年2月6日

　　鸣九先生：信悉。敬承所教。您对海天社的了解深入，有合作实践的基础，实在而可信。胜我之凭一时一事的感觉，多系妄断的主观揣测多多了。我真的又看出自己的"浅"来。

　　您患帕金森症，我知道手会抖的，您还写这么长的信给我。于阅世、做人启我良多。虽缘悭一面，请接受我对您作为兄长的敬意。

　　专此，祝

平安怡悦

邵燕祥再拜

2014.2.6

燕祥先生：

您好！

近期电脑不灵，常有收发故障，昨日才读到先生八月六日复信。

非常感谢先生对我受托张罗套书其中甘苦的体谅。诚如先生所言，在"言论空间日窄"的条件下，"不免提心吊胆"者甚众，我自不能免。先生关于"编辑老爷""编辑少爷"职业特征（且不说"职业病"吧）的高论，实乃真知灼见，于我心有戚戚焉！

《本色》（二）确有一小序，但缺少艺文宏论之内涵，不敢硬闯报纸杂志大雅之堂，只不过多少还有点对人文精神的呼唤，在《本色》样书尚未寄到之际，兹将该小序发来供先生一瞥，如蒙指教，不胜荣幸！

专此即祝

文安并问候尊夫人

柳鸣九

2014年8月10日

鸣九先生：信悉。尊序拜读，我举双手赞成。不过，您对文化人这个不小的人群，似也不可过于乐观。您小时候在南京度过，吴敬梓老先生就是在那里写出了《儒林外史》的，他那时在冬天耐不住室内的寒冷，有时要出门绕着石头城小跑以取暖。以这样的人的冷眼，才写得出那本被鲁迅誉为古今第一讽刺小说，而小说所讽刺的，正是当时相当一部分文化人！唉！

匆祝

夜安!

燕祥拜上

2014.8.10

燕祥先生：

　　您好！

　　从报刊上频见先生不断有新作问世消息，耄耋之年，文化创造力如此强旺，实为精神奇迹。

　　鸣九因《本色文丛》与先生结缘，深感荣幸，作为文丛的"收发室"，权限有限，又鞭长莫及，照应不周，在所难免，敬请先生包涵。

　　得与先生合作结缘，实借何西来之助，前不久，他过早辞世，令人痛惜，鸣九拙成一追念文章，因何君乃我们共同的朋友，且拙文涉及敏感问题，兹发来供先生一阅，如蒙赐教，不胜感谢。

　　现有一事相告，但愿先生感兴趣：河南文艺出版社现有一重点出版项目《思想者自述文丛》，实际上是一套思想者的自传丛书，我被"绑着鸭子上架"，为他们主持张罗此事，现已加盟的有：刘再复、李泽厚、钱理群、汤一介、谢冕、许渊冲等。先生是诗人，也是当代一位敏锐的思想者，于社稷世道、思想文化等均有创识锐见，且劳绩丰厚、形式灵活，如天女散花，其精神影响广泛深远，若先生作传或提供自述专集，概述生平经历与思想发展以及人文交游，定能启迪今人、泽润后世。

　　兹将"成书要求"与"出版合同"文本各一份发来，供先生考虑，如蒙慨允，读书界之幸也。

　　候复！

　　专此即祝

冬安

柳鸣九

2015年1月19日

（文秀夫人转呈）

燕祥先生：

　　惠书敬悉，燕祥先生患眼疾，特致问候。白内障完全治愈在当今已不成问题，我十几年前即动过手术，左右两眼我只动了一眼，这些年来，单靠这一只无障眼，在阅读中竟随心所欲。先生手术后必将迅速重获视力。

　　何西来文涉及敏感历史与文坛，且略有涉及先生处，故就教于先生，有扰静养，甚为抱歉！

　　关于《思想者自述文丛》，先生实在是过于自谦。任何标志均有局限性，"思想者"一词仅为笼统称谓，其实是指具有独立精神人格、独特文化作为、丰厚业绩与深广影响的智者，简单说来，即当代卓越的人文智者。先生的精神、人格、风骨、才情、业绩、影响、交游，皆令人敬服，且大有综合高度，这些才是自传最重要的内容，若先生拒为"思想者"，当今即无"思想者"矣！窃以为，高度的智慧，均有常理常情之平易近人，并非都像黑格尔式的艰深体系、卢梭式的旷世大论，何况自传或自述专集，无需详论本人的"体系""创见"，只需展现本人的人生经历、实绩作为与精神人格，仅先生作传或自述一事，本身即具有重要文化分量。

敬请先生加盟，乃深思熟虑的结果，先生允否，实关思想文化界的得失，世人读者的得失，诚请先生从容再予考虑。

祝文安

柳鸣九

2015年1月25日

给钱理群先生的信

理群先生：

　　谢谢你如此高效率地编出两本书，且让我们一部部落实。

　　先来《拉丁区》吧。说实话，《本色文丛》作为一套散文随笔，多少带一点休闲性、情趣性，太慷慨激昂、太激越的声音，《文丛》的读者群也许不习惯，《拉丁区》后记中的文字似乎可以淡然一点，稀释一点，简化一点。窃以为，讲什么话，怎么讲，似乎都有一个视场合而定的问题。只要有内在的精神就行了，从血管里流出来的必然都是血。

　　《本色文丛》在选文上，人物描写性的，报告文学式的都很欢迎。政论性的、思想理论性的文字，对一个散文随笔集来说，偶尔有一两篇并无不可，但多了就不太协调了，请阁下在选目方面稍事斟酌，如何？

　　据了解，阁下写过一些有关家史亲情的散文，何不选用若干篇章？以增加"拼盘"的色彩。《本色文丛》基本上都是"拼盘"性的，而非专题性的。

　　我以上的意见，很可能是无的放矢，因为我对你这两个专题的文章，都没拜读过，是否可以发一两篇给我一读，让我有一点感性的认识。麻烦你了，谢谢！

《拉丁区》一书，待磨合尘埃落定，即可将正式合同寄来，我们争取在三五天之内解决。

至于《思想者自述文丛》，阁下的《一路走来》，基础扎实雄厚，不难磨合，我这两天即可把出版社的"成书要求"与出版合同文本发来给你看看，此事可稍微从容一点进行，我们有的是时间。

专此即祝

文安

柳鸣九

2014年10月15日

给李泽厚先生的信

（请再复先生一阅后面交）

泽厚先生：

阔别多年，相距万里，犹记八十年代与先生偶遇社科院外林荫道上，谈及中国国民心理与政治生态中根深蒂固的义和团情结，仍有"海内存知己，天涯若比邻"之感。近年来，常在国内报刊上，得悉先生学术行踪与思想高见，不胜钦佩。

兹有一名为《思想者自述文丛》的出版项目，以国内社会科学与人文科学中影响巨大的学者为组稿对象，人数不多，仅十来位，每人提供一自传作品或一自述文集，以求存留当代思想者的人生轨迹、学术成就与精神风采，现已惠允加盟者有：刘再复、钱理群、汤一介、谢冕、许渊冲等，吴敬琏与李学勤两位正在联系之中。

鸣九不才，受托全权张罗此事，现诚邀先生加盟，以充《文丛》元气，以光《文丛》篇幅，切望先生慨然应允为感。

我已多次给先生打电话，但均未通，现在只好全权拜托再复先生代与先生深入交换意见，我与再复先生已有顺畅的合作，他自己的那一集已有眉目，即将成书，其经验对先生成书不无参考作用。或自行撰写，或口授由他人整理成书，或与友人对谈成书，三种形式均可，任先生视需要而定。

兹附上出版社的成书要求与正式合同，如无问题，请先生签署合同一式三份，自己保存一份，另两份可寄回给我，我的收信地址是：

北京市劲松九区902楼306室　邮编：100021

至于整理者的合同，仅供先生备用，如果先生采取口授而由他人整理的成书方式的话。

谢谢先生的合作！

专此即祝

冬安

柳鸣九

2014年11月18日

与李辉来往信函

柳先生：

好，谢谢厚爱。抱歉，您的邮件，昨晚才看到，因为在"垃圾邮件"中未能发现。我还在想，怎么还没有发来？

我今天去意大利20天，在那里编好后发来。初步考虑将所有写"二流堂"人物的文章集中汇编，可能更好一些。如写吴祖光、聂绀弩、丁聪、黄苗子、王世襄、冯亦代、范用、杨宪益、黄永玉等人。书名还没有想好。您以为如何？

据我所知，黄永玉的文章结集，目前均由人民文学出版社负责出版，因为他的长篇小说交由他们。另外，还有湖南美术出版社，黄先生的全集由他们出版，也负责单本的出版。

雾霾天，请多保重。

李辉顿首

李辉先生：

你好！

电子信件收到了，谢谢！

你要打听的那位先生我不认识，很抱歉！我且替你留意着，有消息后再告。

　　拙《文集》首发式与座谈会，你能来，非常欢迎！你能发言，那太好了。特别是你要就我的随笔写作发表高见，更是我求之不得的事，现在就各方人士发言的准备来看，正好缺散文随笔这一块儿，你正好填补了空白。你是否有兴趣大笔一挥，写一篇千字书面发言稿？书面发言稿要装订成册，在会上散发，以供二十家刊物自由选用。我不知道以下这几本有关的拙著你是否有：《名士风流》《塞纳河之灵》《且说这根芦苇》，如果你没有的话，我可以寄给你，请你指教。

　　北京的首发式与座谈会，将于九月五日举行，香港的首发式与座谈会，则将在七月十七日举行，顺告。

　　首发式与座谈会的请柬，过几天即可发出，请注意查收。

　　祝

文安

柳鸣九
2015年6月27日

李辉先生：

　　来信与大作都收到了，很感谢你在大热天赶写文章的辛劳！也钦佩你在酷热中文笔神速的高效！

　　文章写得很好，名家手笔，把本人放在一定的传统背景上、放在一个系列中来写最好不过，这是本人的荣幸，谢谢！

　　大作将一字不动交出版社，并将装订成册，在首发式上散发。

从现在起，足下也可自行交报刊发表。

专此即祝

夏安

柳鸣九

2015年7月14日

柳先生：拙文得您鼓励，荣幸！很高兴能写此文，也是表达一下敬意！随时联系。李辉

柳先生：谢谢您的厚爱，邀我加盟《本色文丛》，荣幸之至。其间您费心费力，令人感动。夏日已至，请多保重，有事情随时联系。祝健康，快乐！李辉

李辉先生：

兹有一事相商：拙著《友人对话录》已在中央编译出版社出版，该社希望有一位分量重、影响大的文化名家作评，以启迪读者，特嘱我推荐作者。在我的心目中，阁下是当代兼具学术活力、历史视野、卓越见解、灵动文笔、影响广泛的批评家，兹恳请阁下拨冗命笔，高文雅正。

《中华读书报》责编舒晋瑜女士告知我：已准备好篇幅，虚席以待。如蒙赐文，拙著之幸也，老朽不胜荣幸，特此预先拜谢！

柳鸣九顿首

2018年4月8日

李辉老弟：

拜读了足下的大文，我应该与您兄弟相称。知我者，李辉也！谅我者，李辉也！让我在这个无处不有那么一点功利主义冷漠但却温情仍在的世界骤生眷念之情，并继续前行、勇气倍增者，李辉也！

拙著有李辉这样的当代才俊作评抬爱，情思并茂，柳老头深感荣幸！拜谢！拜谢！

我即将把足下的大文发给《中华读书报》舒晋瑜女士，并要求她一字不动。也将发给中央编译出版社的责编朱瑞雪，要求他们全文刊载在该社的官方网站上。这样安排，可好？

专此即祝

文安

柳鸣九顿首

2018年4月18日

李辉老弟：

大文已转发给舒晋瑜和中央编译出版社官方网站的代表朱瑞雪，我都强调了"全文刊发，一字不动"。

承老弟告我当代文坛精英团队"六根"也将跟进，柳老头何幸得遇锦上添花殊荣，不胜欣喜！不胜荣幸！

请向"六根"诸友致谢！致候！

柳鸣九顿首

2018年4月18日

李辉老弟、绿茶老友以及六根其他才俊诸公：

你们好！

昨天从顺丰快递寄来《化境文库》第一辑中四种书，第一辑共11种，我现在手头的书还不齐，不久齐了后一定把第一辑11种全都给你补全，只要《化境文库》还要办下去，将来每出一辑我一定保证你每辑不缺。在赠书问题上，待六根其他诸公的礼遇与李辉老弟完全一样，只是时间前后不一。

《化境文库》是以译介外国文学中名家名著为宗旨，即译介的作品都是世界一流作家所写的；都是在世界文学中堪称杰作或者有独特性的名著，而翻译者则都是翻译界的权威、名家、高手，即第一流的翻译家。以后每年出一辑，每辑十种名家名著，准备长期搞下去。

我们不敢说《化境文库》是一个绝无仅有的最优秀的大型丛书，但我们朝这个方向努力的主观真诚是明摆着的，我们也的确做了认真的努力。现在，我们献出了第一辑，就等着学术文化界的元老、贤达、名家、名士、才俊的鉴定、评议、打分（及格分还是不及格）加以指点，或提出建议，我们都非常欢迎。当然译本的比较与译文的优劣，在阅读中的感觉（烦感还是悦感、是厌读还是悦读等等感受也欢迎提出），这些都是名著，诸君都是饱学之士，早已熟知于心，定对其文学价值与艺术魅力都有深刻独特的感悟，见解必多，这些都可以写成文章，在报纸杂志上、网络上发表，与广大读者分享，也形成对读者启发与导读。

我有病缠身，出门要坐轮椅，与媒体联系不便，诸君乃活跃于中国大地的文化达人，交通与联络方式相当方便，每位的文章在哪家媒体发表均由每位作者自行决定、自行联系。六根的文章可标出"六根赏化境"的总栏目名，将来文章成集，可考虑请果麦正式出版。

以上考虑与建议，是否有些浪漫主义？诸君皆为有识之士，请不吝指教。

专此即祝

文安

请六根诸君把自己的收件地址与手机号码发至我的手机：（186××××1862；185××××1385），两个手机均可，我可以开始陆续寄书。

柳鸣九

2018年7月25日

与罗新璋先生来往信函

罗译大师：

非常感谢你花了不少工夫赐评拙译《莫泊桑短篇小说选》，居高俯下，胸襟开阔，大处着眼，秋毫不漏，乃我生平所得极少坦诚告我得失之书，然过于溢美，令人汗颜。

你的大会发言，学理扎实，译理学识丰厚，言辞雅美，是一篇光照化境论坛之精彩演说，居于论坛中心，玉树临风，一枝独秀，根本不存在向其他粗木俯就的问题。我那篇应景的小文，更不值得呼应，现仍遵嘱发来，仅为避免向知我者藏拙也。

祝

行安

柳鸣九

2017年11月4日

致新璋先生书：

《中国徽号》拙文在《文艺报》发表，实出我的意外，是果麦安排的，我不知情，在《文艺报》，我也没有知交。说实话，我一直期待你的那篇大文在首都见报，因为足下于化境说功力最深，又有实践的硕果（《红与黑》），故此次倡议弘扬化境说，至少有几分为你与施君等人量身定做之意。日前助果麦开创化境论坛，足下出了大力，为国人全面梳理、阐释、论析了钱氏的这笔遗产，献出了一篇学识深博、文笔典雅的大文，媒体报刊应该刊载宣传的是足下这篇大文，而不应该是我这篇应景文章。

我的认识与立场一直很坚定：在中国翻译史上，化境说这一章是罗新璋掀开的，化境说的理论与实践是罗新璋开创的，他是真正的开拓者、先行者。当然，我也不用谦虚不用妄自菲薄，且当仁不让：这几年，我的确敲了一阵边鼓，吹了一阵喇叭，而且吹吹打打是诚心诚意的。从来没有直奔风头，露脸出彩的妄念（"翻译界泰斗"之称，使我一见就心惊肉跳，个把月已经过去，我至今还没有走出诚惶诚恐的阴影），没想到，《文艺报》又"锦上添花"，我倒成了大出风头的角色，实犯有"喧宾夺主"之罪的嫌疑，特别是因为面对的是老同学，更感到新欠了一大笔账。在世人眼里，或许还有"偷了别人一笔"的印象。还有，前一阵因为体衰病残之躯实难承担论坛工作压力。加以又恰遇人生倒霉，家事纷扰，后院火事不断，难免心烦气躁，故在工作中不时出言直撞，言行咄咄，如今追悔已迟，特此致以深切的歉意！

悟已往之不谏，责我、罪我，概由阁下处置。

柳鸣九拜

2017年12月12日

新璋先生：

　　来信收到了，谢谢足下的豁达、理解与鼓励！

　　令人欣慰的是，化境之举，甚为成功，影响之大，出我意料。世人皆知，你我合力推动始有其成。如当年蓝翎、李希凡之所为。蓝李，李蓝，难分彼此。共同做成了一件正经的文化大事，堪称人生一乐。

　　与果麦，足下不妨多接触、多交往，我决定从明年起就不干了，今后他们的合作者是你，而不是我。这是我已决的心意，也是我将对他们的建议。

　　后天上午午饭前小艾来你府上一趟取爱伦坡，如时间不合适，请另行敲定。

　　祝冬安

柳鸣九

2017年12月13日

《外国文学人文情操名著书函》通气平台（2018.11.28）一号

（请罗新璋先生指正）

　　《外国文学人文情操名著书函》，既需要有声望、有高水平译作的翻译家与著名学者承担文学经典作品的翻译，也需要著名学者与翻译家提供学术性的序言（有文学史学养、有评论才能、有思想深度与美文才华之作）。不论是翻译家还是学者以及人文学科才俊之士，都可以在这个项目中有用武之地，有大展才华的机遇。这个项目正在搭架子，拟章程，组织核心班子，搭配人选，现在是提出草案，征求意见酝酿的阶段，这些事务性的工作涉及上级组织与基金机构之类的关系，特别是涉及征集参加合作的出版社，现正在努力进行之中，这些事情且让我和众议、许钧去多操些心，挑起担子吧，这方面的麻烦事，复杂关系，权益纠葛以及工作运转，暂且就不麻烦、不打扰学界精英们。因此，现在根本不是我和诸公诸君开会的时候，倒是我们的书函译稿、函序、译本序可用的存稿实在少得可怜，现在需要学界诸公诸君抓紧做的倒是赶快做成一函函的书稿，译出一部部名著，提供一篇篇有质量的函序与译本序，现在我们的存稿库还不充实，不丰富，这个项目就不会有多大的前途。因而，在这方面我恳求学界精英们，在译稿与序言这两个方面帮帮忙，玉成其事。

可是，我们在这些方面工作却进行得很慢。如第二函《真情悠悠》我早就决定了以×兄的《茵梦湖》为中心，只需要解决一些枝节问题即成了，可是事情过去了一两个月，到目前×兄还在推辞函主一职。再如，×文学和×文学都是富矿，可现在可以列出一些什么书函，以哪些名著为中心，我们现在还没有一点谱儿。法文方面我不断在提函主题、提聚集成函的名著，仅《都兰趣话》与《西西弗斯神话》选题与译者皆已定，却横生枝节，前功尽弃，只好从头再来。

这种事偏偏发生在老同学老同事之间，倒是学界新友办事豪爽得多，有一函题，函旨与内容都较复杂，与一新交的学者朋友一谈即妥。郭宏安先生也是一个榜样，他是国内著名的学者，难得的才俊名家，也颇有男子汉大丈夫的道义感与豪气，在目前这项工作中的态度也值得学习，对确有困难的事他婉绝，能力所及的事则痛快出力，以学术文化事业为重，大有"四海之内皆兄弟也"的豪气、"学林之内皆合作伙伴"的广阔胸襟，实为推进人文学术事业所需的英才，而非学界敬重的钱理群先生所指出的那种"精致的利己主义者"。既然《外国文学人文情操名著书函》有助于净化社会不良的空气,改善丑陋的国民性,当值得诸公诸君施展才干,齐心合力,有所作为,老朽已临墓外,尚存若干善良愿望,愿出绵薄余力,协助诸公与年轻新锐的一代先摸摸路、铲铲土。在此,恳求学界诸公发挥其卓越的才能,诸公诸君智慧、才干均优于我,其未来的成就与贡献当不可限量也。

柳鸣九顿首

2018年11月28日

翻译界泰斗、傅雷传人、同窗才俊罗新璋先生阁下:

1. 我与果麦已分道扬镳,他们要我扮演的角色与执行的任务实在太难了,我的健康这两年已经消耗太大,我尽了我最大的努力,我没有做损害任何一个人的事,我对得起任何一个人。

2. 我个人所策划、所提出来的《国民性人文素质名著函装丛书》已被其他出版社接受,合作已经开始,我生性愚直,智力中间偏下,是北大生中、学林才俊中的一矮个子,凭笨鸟先飞,笨鸟多飞蠢劲,奉"三人行,必有我师焉"为信条,乐于多鞠躬多顿首,亦不辞榨取脑汁,多思博见,偶有一得之见,敢于据理之言,挺身而出,在明哲保身已成洁癖,自高入云,则为德高望重的士林中,反倒以稀为贵,竟侥获"有学术胆识""萨特研究第一人"等美誉。

尚能感到自慰的是,出身寒微,勤劳成性,敬仰文化,不避爬格子的劳苦,得读者、社会的厚爱与鼓励,竟爬出了《文集》15卷,著述与翻译达600万字,仅此一点,在学林尚值得一说。至于翻译泰斗、翻译权威等佳誉，实为读者爱屋及乌的溢美之词，或为合作者为夸大声势而造的宣传词汇。我早在二十年前就说过，我不是翻译家，我是个人文学者，翻译大家等美誉，我听来一直不习惯，深感对不起那些毕生致力于翻译的师友、同行、同道，就像别人饭碗里面的肉，却错放在我的碗里了。

我们新的丛书《国民性人文素质名著函装丛书》已有若干进展，现将与有关出版社联系打交道的信件转来一封，工作概况与进度以及各位在本项目中所承担的任务，在信中均有涉及，请诸位存阅，请诸位指教，请诸位按照本计划中各函的分工完成自己所负责的一部分。

鸣九愚钝，一人难搭起众人唱大戏的大平台，请阁下多多指导工作，请阁下大力支持，多多赐稿，多多引荐译界才俊新秀。

柳鸣九

2018.12.16

与方华文老弟来往信函

华文老弟：

　　你的短信我都收到了，能和你这样一个有人文热情，有理想作为，有执着勤奋的工作精神，并兼有才能与效率的同行同道结识，同路而行，致力于同一个事业，是一件很幸运的事。我相信我们的合作一定能产生硕果，大概因为我略有虚名，做事比较实在认真，很多出版社一有意做大型书系项目，几乎都来找我，说是出点点子、出点主意、讨教讨教，进而邀约张罗主持其事。我盛情难却，往往固辞未果，再加我本来就有一个弱点，事关一个社会、一个民族的人文书架，我一碰见就血脉偾张，神思飞扬，说干就干，至今在我手头上的丛书项目大概有四个之多，一是世界名著的大型丛书，一个是世界名人传记书系，一个是译道化境文库，还有两个小书丛：一是经典侦探小说小书丛，一个是绿色向往小书丛。

　　现在我与你且达成一个默契与君子协定，以后你碰见了以上五个方面的书，就可以自己做主，跟我打个招呼，我基本上都会同意，这样你就可以开译，完稿之后，我即可以收入这五个口袋之中，如何？如果老弟认可的话，咱们就这么干下去吧，干出点名堂！

祝身强笔健，全家幸福！

柳鸣九

2018年3月8日

华文老弟并呈方汉文教授：

电子信件收到了，你的信息是给我带来好消息、友情与志同道合的热诚，这封信你又介绍我与令兄方汉文教授认识，汉文教授在比较文学领域成就斐然，能认识这样一位高成就、高声望的学者，我深感荣幸！

他能参加我们这样一个布衣耕者的行列，为社会与民族的文化积累贡献力量，中国文化事业之幸也，广大读者之幸也，能在共同的学术文化道路上结伴而行，亦鸣九之幸也，我将非常严肃、非常认真地考虑与汉文教授的合作。最近，我即将开始与令兄沟通，请转告令兄，我向他表示真挚的敬意！

专此即祝译安

柳鸣九

2018年3月14日

汉文、华文教授先生伯仲：

得识中国少有的二伯仲教授，不胜欣喜。这两天我主要是拜读与二位业绩有关的信息与资料，二位皆为中国当代文化学术界才情斐然、著作等身、声望日隆的名家，鸣九何德何绩忝居为长？实际上，认识华文老弟以来获教益较多者实为我也。"三人行"，二位皆为我师焉！望今后务必不要再言"指点""指挥"。能与贤伯仲二位同行于文化学术大道上，志同道合，共建人文，以使国民性容光焕发，鸣九深感莫大荣幸矣，若能留下若干文化业绩，润泽当下日渐滑落的国民性，鸣九将视为人生最大幸事！窃以为，在物欲横流，功利主义，官本位意识形态日渐膨胀的当下，中国国民性发展的前景，实不能不使人隐感忧患也！

柳鸣九拜

2018年3月15日

华文老弟：

老弟捷足先登国庆礼，谢谢！同庆同祝！

喜迎国庆，首先要告诉老弟的是我们那套《世界名人名传》大有用武之地，国庆前夕河南文艺社的领导班子专程来舍下商谈扩大这一套历史传记的规模，令人血脉偾张，老弟可大有用武之地也！

只要是名人写的名作家传或名人传，不限于政治人物、军事人物、文学人物，凡是名人皆可入选，英文领域这一类名人传均可翻译，唯一要注意的是不要有涉外版权困难，不妨开一个你要译的传记作品名单给我，一二十本均可，咱们快马加鞭，争取一两年内推出一大批。如果你的好友手头有已成的传记译稿，可以再版重印的，也请开一个名单给我，河南社现在的胃口不小，我们何乐不为。

另外，我有一个重要的想法，我准备推荐你当我的继任者，明年接替我主持这套书的工作。这封信暂时谈到这里，千里之行，始于足下，咱们还是出成果要紧，下次再谈。

祝教安，向令兄问好

柳鸣九顿首
2019年9月29日

华文老弟：

　　残灯在秋风下吹拂，这是我近大半年的基本情况，知道您来了电话，您的来意，我的心情，皆不言而知，我一直在不停地做一点伏案工作：第一个是《世界最佳情态小说鉴评》《世界最佳性态小说鉴评》《世界最佳世态小说鉴评》，合成"三态小说鉴评丛书"，全书稿共有二百多万字，曾经出版为两卷集，现在只存在再版重印的问题，愿意再版的出版社已经有三四个（河南文艺出版社、天地出版社等），再版的工作已完成了相当大一部分，目前剩下的攻坚工作是要取得一两百篇（部）译文授稿权。

　　祝教安

柳鸣九顿首
2020年1月26日

与王蒙先生来往信函

王蒙先生：

久疏问候，非常抱歉，有事相求，又不得不厚着脸皮上门打扰，自觉汗颜，惭愧之至。

唯自觉此事似与鸣九妄谈已久的"学者散文"有关，而阁下实为中国学者散文的魁首与典范，故毛起胆子，不惮灰鼻。

兹发来近期即将由四川文艺出版社出版的《〈种自我的园子〉——柳鸣九散文随笔文集》（约28万字）目录一份（请见附件一），敬请一晒，并斗胆请大序一篇，此诚为小我今日冒昧打扰所致的大奢望，如蒙应允，不胜荣幸！更不胜感念！

专此即祝大安

柳鸣九顿首

2018年5月26日

PS

不惮浅陋，随信发来拙文数篇（请见附件二），供笑览。但时间紧，迟一天发来。

敬请王蒙先生赐教

——对拙著《种自我的园子》的说明

伏尔泰有言："种好自己的园子要紧。"如果按照鲁迅的直译说，应译为："必须种自己的园地。"

我按照自己所面对的情况，译得略有变通。

每个人都有各自的园地。

伏尔泰是法国启蒙主义大思想家，他要种的园子很大，涵括了民族、社稷、国家、民众、民生等等大字眼。我这本书里没有这些大字眼，没有这些大思想感情，仅有与我的家族、我的师长、前辈、亲人、学业、专科、职务、工作经历等等有关的内容。因此，我这个人的园子是再小不过了，但我毕竟从事的是文化工作，其核心是人文主义精神、人道主义精神，这一片精神空间又是广阔无边的。所以，我的园子也算得上是一个大园子。此书中所有的文字都直接或间接与我这园子里的内容以及我种园子的生涯有这种或那种关系，加以这个文集是我多年来这类文字积累的总汇。旁人看来，不免有人赞曰：很丰富；有人叹曰：失于庞杂！

一个社会人处于一定的社会境况中，应该做的与要做的事情显然很多，这些都属于面对人生、经营自己的人生、种自己的园子这个大范畴。但就我自己而言，我还是把"种自己的园子"，更多地视为投身于某种社会事业，致力于个人所宠爱的创造性技艺。具体于我则是为文化大厦添砖加瓦，则是打造一个人文书架，充实一个人文书架，完善一个人文书架。《种自我的园子》这本书，其实就是我个人在这种营生中的若干影像、若干言行、若干见闻、若干知性、若干学识以及若干思绪与情愫的结集。

王蒙学兄、敬爱的老院长：

今天早晨收到您发来的大序，喜出望外，比原来预期的要早好些天，您对属下赐序一事，如此言必信，信必果，令人敬佩，感念至深。

我之写散文随笔，完全是半路出家，如果我的笔调多少还有点特点的话，那就是从您的散文随笔（我妄称之为坚硬而聪明的散文）中，偷学了一二。因此，我应该感谢您的远远不止赐序于我，学兄实为我师也。

大序中诸多抬爱青睐之词，鸣九当之有愧，且尊奉为希望与鼓励，指引与教益，努力向此方向攀登。

感念之情，不尽言表，诚祈先生寿比南山，文如松柏，翠绿常青。

鸣九顿首，拜谢再三！

2018年7月8日

王蒙学兄、老院长：

电札捧读，先生大序先在《文汇报》发表，是我沾光了，欣然同意，完全支持。

先生为小的作序，竟如此快就为《文汇报》所知，与其说是《文汇报》的耳朵尖，还不如说先生文名妇孺皆知，深入人心。

先生大序，我读来字字珠玑，述说、概括看似自然随意而出，实则句句确切，我感到今后又有一双朱光潜式的眼睛在盯着我。

拙著的书名，原来出版社参与了意见，仍为《种自我的园子》。您的大序我一字未改，尤其是您的序文题目《柳鸣九的菜园子风光》，我特别喜欢，仅从此题名，深感知我者，吾师王蒙也。

鸣九顿首，拜谢！

2018年7月10日

老院长蒙兄暨夫人：

你们最近一切都好吧，你们二十三日左右即将回京，一直期待着二十五六日与吾兄暨夫人与汉俊胜信伉俪雅聚，在此聚之前，兹有两三件事禀告，并征求尊意。

海天的《本色文丛》刚出到四十二本，作者基本上不外是两类人：一是有学者底蕴的作家，二是有作家文笔的学者。说实话，鸣九当时有此意念，实际上是以您这样兼具作家与学者双重素质的大家为理想典范的，这是我最先诚邀您参加《本色文丛》第一期的真实动机，《本色文丛》以关注、垦殖学者散文为己任，致力于提倡、弘扬知性散文、智性散文、学识散文，姑且总称为学者散文吧。

《本色文丛》一直很想尊王公为泰斗、为旗号，如今七八年已经过去，鸣九初心不改，并已聚合有正能量之志的名士才俊数十位，似已列队成阵，诚以为，主帅出场是其时矣。

海天出版社长期经营人文文化学者散文，不计余力，与鸣九志同道合，在上述问题上完全一致。现鸣九受海天领导、社长聂雄前与总编于志斌、项目负责人韩海彬之委托，诚邀您入座《本色文丛》，主持文聚，以使学者散文更具"精""气""神"，《本色文丛》更上一层楼。鸣九愿为先生下属、助手，以供调遣，如以往在海洋大学文学院那样。

您入座《本色文丛》，事情很简单，您只要从过去的散文中选出20万字左右，交海天出版社作为《本色文丛》之一种出版即可。但此事却颇有象征的意义，主帅来到了兵将列队的行伍之中，就意味着主帅出场到职。

第二件事：因为《博览群书》要发一点关于我的书评，我认识了它的主编董山峰先生，他刊物办得好，人也非常好，我得知他与您也是朋友，我想二十五或二十六日之聚，请他也来，您看怎么样？如果他也来的话，人数稍多，就餐地点最好改在一家比较宽敞舒适的所在湘合楼，湖南是我的家乡，湘菜虽辣，但可以要"微辣的"。

以上两个问题，蒙兄与嫂夫人意下如何？请明示为感！

专此候复 祈祝俪安

柳鸣九顿首
2018年8月

我们是在参与书写历史

——给刘硕良的信

硕良先生：

您的短信收到了，您要把我昨天那封短信当作您书信编选一书的代序，谢谢您的青睐与抬爱！

我想，您如果能自己写一篇序，那当然更好。如果您一定要用我那几行字的短札当序的话，我希望按我的原文，不必做任何改动，最好是一字不改。

现我把定稿再发给您一次。

硕良兄：

您编选的《开放声中书人书事书信选》校样，我已通阅了一遍。

感谢您做了这样一件很有意义的工作，它使我回想起改革开放后一段很值得回忆、很值得纪念的时期。

真是忆往昔峥嵘岁月稠，想当时，年方四十出头，华发初生，意气风发，健步如飞，关心着每一天的阴晴，应对着工作中的每一件琐事，真没有想到，我们是在参与书写历史，书写中国社会主义改革开放时期的文化史。

当时，创制出来的书卷，现在已成为历史性的出版物，说它们是"文物"，似乎也未尝不可。如今，坐在轮椅上，抚摸着这些本本，当时的书香犹在，不堪回首，令人感慨良多！

出版后，请一定赠我一册，鸣九拜谢！

顺便发两篇朋友转给我的文章，供一阅。

柳鸣九顿首

2018年7月29日

与李泽厚先生来往信札

致李泽厚先生书

李泽厚先生:

承岳麓书社《湘水》主编黄友爱热情相告,您将在今年秋天返回中国探亲访友,并且不排除进行若干学术文化活动的可能。这不论是对中国学术文化界,还是对整个中国社会与民族都是一件好事,文化界学术人士对此皆很重视,感到欣喜。您是一位杰出的美学家、哲学家、思想家,中国学林包括我很多人都曾拜读您的论著,受益匪浅,您的学术业绩、睿智思想与文化影响力,在中国学界享有崇高的声誉,读书界将您视为20世纪中国知识领域中的"民族之子"。

黄友爱先生提及先生与我同为湖南人,同为北大弟子,同为中国社会科学院的同事,而且曾经相识,有过交往,在研究领域与学术专业上也有相近相同之处,可说二人是有多种共同性的老朋友。如果在您小住北京期间,能与柳某见面并进行学术文化的交谈与对话,将是中外学术文化界所乐见的,可对中国学术文化思想有积极的意义与影响。友爱先生此意此语实于我心有戚戚焉,亦乃我的期望。如蒙先生同意,我将深感荣幸,视为我半个多世纪学术生涯中的一大要事。

先生乃鸣九敬仰的学长学兄,前两年,国内一出版社邀我主编《思想者自述文丛》，在我的策划方案中，先生名列首位。承再复兄告我先生在美国的电话号，为诚邀先生作为首席作者，我曾多次打电话到您府上，可惜皆未接通。此套书于前年出版了七种：再复兄、钱理群先生、许渊冲先生、汤一介先生、钱中文先生、谢冕先生以及我各一种，您的缺席乃鸣九终生的遗憾。根据友爱先生与我所了解的情况，如我有幸得与先生进行一次学术文化对话，是中国学界深为关切、翘首以待的事，如能把对话的记录整理成书出版，亦不失为民族文化积累的一件好事，现已有不止一家出版社以及专营大师级文化人与学者学术讲话录音的音像公司都有兴趣玉成其事，但不知是否能得到先生的首肯？

接待您的单位岳麓书社的黄友爱先生，热切希望并敦请我先把上述情况与设想向先生汇报，征求意见，请先生明示尊意。

从举行对话到出书到制作音像资料，自会由岳麓书社张罗，肯定还有其他出版社相助。先生学术对话的文字整理，友爱君已自告奋勇，以省先生高龄命笔之劳，至于最后确定人选，当由先生自行选定。

鸣九有幸被视为可与先生做学术对话的适当人选，深感任务大、责任重，将把这次与先生的会见与对话，当作一次学习的机会，认真对待，认真准备，不辱使命，力争不愧为先生的后学，为一值得交谈的对象，我将很快把我想谈的话题、内容、要点拟出提纲，请先生过目认可。希望先生也能把您感兴趣的话题、范围、题旨、内容明示给我，在这基础上进行磨合与约定，以免我成为一个极不对称的对话人。

专此敬祝先生学安

柳鸣九顿首

2019年4月22日

李泽厚先生来信

鸣九吾兄：

惠书奉悉，多承奖掖，感愧莫名。忆当年同学、同事，虽少交往，实同气相求，今能同声相应，欣快何如。回京定当拜会吾兄，聆听高论，老年畅叙，当别有一番滋味也。惜弟体力日衰，心脏有疾，今年看来很难成行，即令如此，仍当不忘吾兄之盛情美意也。长书短复，尚乞谅之。

愚弟李泽厚顿首，四月廿八日

答李泽厚先生

泽厚兄:

惠书奉悉,知兄贵体违和,心脏有疾,此病险恶多端,时造世人危难,前不久学界一夜之间痛失叶秀山兄,即为一例。

兄已年届九十高龄,自当多加提防,回国探亲访友,千里迢迢,赤子之诚可见,"今年看来很难成行",令人感叹,世人对此当深为理解。"但愿人长久,千里共婵娟",请兄多多珍摄。

世上之美,形态万千,前人创有艺术杰作"拉奥孔之饥渴",鸣九见识此作,曾悟"渴求"之中、"缺憾"之中,亦有美在。兄言"同气相求,同声相应",因人高龄有病而难有对谈之憾,岂不亦蕴有美之性因乎?鸣九也有二险疾缠身,且近期有所恶化,剩余年月有限,何事可成,甚难预料,故黄友爱先生之倡意,及愚弟的附和,实皆为乌托邦之愿也,唯有顺其自然,以待天意耳。

愚弟以布衣学者立世,专注于自己专业的一亩三分地,从不越池半步,一生作为仅在于打造一个人文书架,自知己之格与品皆定,坐标为社会精神生产关系链条的末端,人微言轻,故凡事恪守自己的分寸,不出非分语,不做非分事,谈美仅止于断臂维纳斯与拉奥孔而已,虽思想不规范，始终以"言行不出格"为戒律。如今一切均好，数十年如一日的学术文化作为，劳绩为世人所认，淡泊的日子，平静的书桌，自得其所，自得其乐，以静待天年，请兄释念。

内子朱虹确乃先生北大肺健会的同窗病友，谢谢先生的问候，并向先生致意致敬！

专此祝兄贵体康健，寿如松柏常青！

中华学界之幸，国人之望也！

柳鸣九顿首

2019年5月1日

李泽厚来信

鸣九兄道席：

朵云再降，诵读欣然。弟已老朽，不欲多言。时势迁移，尚祈保
重，专此敬复，并叩

暑安，朱虹女士前致候，当年肺健会病友。

弟李泽厚上，五月二日

向朋友圈的汇报

　　从很早的时候，我在家乡就听朋友亲人用长沙话讲过一个俗语：完全只管柴米油盐酱醋茶的小市民，只图过务实主义的小日子，而对读书上进，出人头地，有所作为，不成什么希图，出什么名啊。人怕出名猪怕胖，这句话听到过多次，但偏偏没听进去。学了点文化，进了中学，上了大学，听到了名人高师的所言，"君子好名，取之有道"，特别是走上文化职业的道路后，"君子好名"，在脑子里所占的地盘越来越大，在生活中，所占的比重越来越高，以致把消遣、休闲、娱乐都挤到了一个角落。因为，不仅要出名，出名之后再出名，似乎没有一个够，而且，一旦出了名，却意想不到地增加了好多原来没有的负担，比如说，赠书、接受采访、接待素不相识的客人、遇见陌生人索取签名，等等。年轻身体好时，所有这些虽然占去了一些时间，消耗了不少精力，但虚荣心得到了满足，因此，所有这些都是莫大的愉快，美滋滋地享受。但是进入了耄耋之年，所有这些出了名所增加的社会交往，或者说自己应尽的义务越来越成为一种负担。即使是来了个粉丝带给你愉快的微笑，诚挚的问候，轻松的闲聊，还有美味的水果，清火的茶叶，这些都该是生命中的轻松、愉悦、闲逸所在，但所有这些轻飘飘，乐呵呵的轻松事，随着年龄的增长也慢慢地成为生活中的负担，随着病痛的日益嚣张，所有这些竟然也成为生命中难以承受之重。这时，就悟出了"人怕出名猪怕胖"这句话的真理成分。其中，那种看得远的超级智慧，我的一些老同学，不是搞翻译的，就是写剧本的，都是一些有名气的人，偶尔碰到一块儿，大家一闲谈起来，莫不都有这种苦恼。这些智叟谈虎变色的就是读者的来信，要你谈人生，要你谈真理，要你讲最近都写了些什么，去了哪儿，与什么友人交往，有什么读书心得。粉丝的这种关怀，这种交往，是最难招架的。我的老同学实在吃不消了，想了一个办法，每天写一篇日记，就像鲁迅日记那样简单：今日晴，28度，胃口甚好，三菜一汤。第二天又是一篇，今日毛毛雨，怕滑，没出门。再一天又是一篇，今日，因昨夜未睡好，头脑昏沉。这样，每天花不了两三分钟就是一篇，攒了五六篇，写了一个标题"译翁日志"，交给区里面某个单位、某个有心关心老龄问题小报发表，反正在那张小报上有一个专栏，淡江译叟。这个法子还真灵，两三期后，就没有不速之客不期而至了。此翁妙招，对我颇有启发。我倒没有那么多拜访者，但我在大学读书的时候，在诗社认识了几个同学，老年时有书信来往，他们天生属于诗，每信皆赠诗一首，同出身于诗社，你不回诗，岂不有失雅士之交？最近，恰逢中秋、国庆，得友人书数函，皆为诗。我从小就无曹植之才，至今糟老头子一个，全身已不剩半点诗气，想起那位译叟的高招，便写了以下的这封书信作答，准备东施效颦，看是不是有哪家报纸给一小块豆腐干……

羽立兄并天锡兄：

顷接李兄大函，拜读中秋佳节咏祝词一首，清雅脱俗，与"千里共婵娟"有别，而足以比美。友情感我至深，钦羡之至，鸣九特此拜谢！

本当立即回话，但电话隔音，美中不足，加以今天下午为讲稿录音近三小时，已身疲音哑，宜他日再叙，匆此致歉！敬请谅恕为感！

收到天锡佳节贺诗一首，他已升华至"归去来兮"的境界，佳节心境，更清澈如月，友人风雅，皆以诗交往，小的怎么活下去呀？

柳鸣九顿首

并向天锡致谢！

2018年10月3日

附　录

坐看云卷云舒，静听花开花落，远观日出日落，近瞰潮起潮降，柳鸣九先生像那个遨游在七颗星球之间的『小王子』，既辛勤，又超越。法国作家都德的《最后一课》中，那位韩麦尔老师告诫他的学生们说，只要牢牢记住他们的语言，『就好像拿着一把……钥匙』。

萨特是一把钥匙，柳鸣九也是一把钥匙。你需要或者不需要，它都在那儿。

——《一把钥匙存在的理由——为柳鸣九先生〈友人对话录〉而作》

留下"萨特"、"雨果"、"加缪"、《小王子》的柳鸣九先生永远走了……

刘汉俊

　　尽管这一段时间，早有预感，一种不祥、难过、不舍、惋惜的情绪一直萦绕着我，但这一刻还是来了。今天凌晨3时40分，我国著名的文艺批评家、翻译家、散文家、出版家，中国社会科学院终身荣誉学部委员、我国法国文学研究领域泰斗级人物，中国翻译界最高奖——翻译文化终身成就奖的获得者，中国图书奖的获得者，为中国读者留下雨果、左拉、蒙田、卢梭、加缪、司汤达、巴尔扎克、罗曼·罗兰、莫泊桑、都德、梅里美、圣埃克苏佩里等名字，第一个把萨特比较全面系统地介绍来中国的中国学者，作为最后一部翻译作品深受中国小读者喜爱的《小王子》的翻译家，甚至为自己最后一部作品起好了书名叫《麦场上的遗穗》的作者，自喻是一根"会思想的芦苇"的柳鸣九先生，于2022年12月15日在北京同仁医院，收住了他那双纵驰中西文坛七十载、关爱老少读者几代人的目光。

　　享年88岁。

　　柳鸣九，1934年出生于湖南长沙，1953年毕业于湖南省立一中，考入北京大学西语系，毕业后一直在中国社会科学院外国文学研究所工作，曾任中国法国文学研究会会长。柳先生的夫人朱虹先生，是英美文学研究大家。

柳先生留下了丰富的文化遗产，用他自己的话说，"写的和译的有四五十种吧，编选的和主编的图书有500多册吧"。他家里的书房，堪称他一生成果的博览会。更重要的是，柳先生留下了宝贵的精神遗产，从他身上能看到一位中国作家对文学事业的无限追求，一位中国学者对学术研究的不懈坚持，一位传统文人的人文情怀、人文精神和文学使命、文化担当。走近柳鸣九先生，才知道什么叫皓首穷经、著作等身、心无旁骛，什么叫板凳须坐十年冷、文章不写半句空，什么叫寒窗不知苦、嚼字自觉甜，什么叫耐得住寂寞、守得住灵魂。

2022年12月14日中午时分，是我和柳先生交流的最后时刻，他的生命已经进入倒计时的读秒阶段。疫情阻断了我对老人的探视，但这一段时间互动仍然频繁。在视频里，弥留之际的柳先生听到他家人说我的名字、听到我的声音了，竟然慢慢地睁开了眼睛、动了动嘴，脸上有了生动的表情。今年9月7日，我和社科院负责老干部工作的同志在做好严格防护工作的情况去看他，已是风烛残年的他依然那么坚强、那么顽强、那么倔强，虽然口不能言，但对我的声音——应该是他生命最后时光里最熟悉的男声依然熟悉，每次听到，必有反应。我告诉老人家，您要坚强，等康复了，我来接您回家。他的家，是一座书城，那是他最感宁静、温馨的地方。他动弹起来，似乎在点头。11月17日，由于护理不方便，家人希望能转一家离家近、家人能日夜陪伴的医院，我联系北京市和东城区的几位朋友，一听柳先生的名字大家都肃然起敬、热情帮忙，但都得稍等。终于，柳先生等不起了。所幸的是，最后一天，女儿、外孙女和我们守在他的身边，他的远行之舟是在亲人们的呼唤中离去的。

遵从柳先生的心愿，我们商量，拟将先生的骨灰一分为三，一份留在北京某处，一个碧波荡漾、绿意氤氲的潭边；一份回到湖南家乡，那里是他梦想的起点，是他人生的归宿；一份送到美国，与儿子的骨灰在一起，儿子英年早逝，是他作为父亲永远的痛，生不能陪死相伴，但愿这多少能慰藉他痛苦半生的心灵。

"鹤鸣于九皋"，"声闻于野""声闻于天"。柳鸣九驾鹤西行，留声于世，温润众生。愿先生一路走好，在天堂，继续垒他的书城世界，只是，只是别再太累了……

下文，是应柳先生之请，为他的著作《友人对话录》写的一段小文。

一把钥匙存在的理由

——为柳鸣九先生《友人对话录》而作

刘汉俊

作为法国20世纪最重要的哲学家、文学家之一的萨特没有想到，在他1980年4月15日逝世之后，他在西方略显寂寥的哲学思想，能在中国产生那么大的影响。

萨特的"存在主义"哲学以"自我选择"的方式，强调人的主体意识和自我创造，张扬人道主义、自由主义、个性主义，让经过真理标准讨论之后、改革开放之初的中国人，对自己的生存状态和命运进行反思。正如"一千个读者就有一千个哈姆雷特"，一千个中国人心中揣着一千个"萨特"，许多年轻人在"萨特哲学"中寻觅自己的价值观，在"萨特存在说"中寻找自己的存在感，在"萨特自由说"中寻求自己的自由度。萨特的那句"人是自由的，懦夫使自己懦弱，英雄把自己变成英雄"成为很多年轻人的座右铭。

哲学是人类认识自我的钥匙。"萨特"像一把钥匙，开启着不少中国人的心锁。一时间，许多人心中有"选择"，言必称"存在"，文必谈"设计"，中国社会形成了一股"萨特热"。

萨特走红中国，得感谢一位今年已84岁高龄的中国学者——毕生从事法国文学研究、翻译的大家柳鸣九先生。

柳先生以独到而富有前瞻性的眼光，看到萨特"存在主义"的哲学价值，看到萨特哲学在中国的社会价值。1980年，柳鸣九在中国学界颇有影响的《读书》杂志7月号发表《给萨特以历史地位》，对萨特哲学和文学成果进行不遗余力的推介。他大声疾呼："萨特是属于世界进步人类的……我们不能拒绝萨特所留下来的这份精神遗产，这一份遗产应该为无产阶级所继承，也只能由无产阶级来继承，由无产阶级来科学地加以分析，取其精华，去其糟粕。"

这一呼声如石破天惊，让中国社会的目光投向了塞纳河畔的那位法国学者。

1981年，柳鸣九主编的《萨特研究》出版，1985年再版。正是这位被称为法国文学研究领域里"领头羊"的柳鸣九，把萨特隆重地引进中国，领到了中国读者跟前。

此时的萨特，不期而遇地得到一次千载难逢的机会。

柳鸣九的《给萨特以历史地位》一文发表前后，恰逢中国社会迎来继真理标准大讨论之后的又一场声势浩大的人生观大讨论。

1980年5月，《中国青年》杂志发表署名"潘晓"的读者来信《人生的路呵，怎么越走越窄……》，作者用沉重而激愤的笔调叙述了自己在工作、生活、事业上遇到的种种困惑和痛苦，发出了人生的感叹。

一石激起千层浪，这声感叹迅速引发全国范围内许多青年人的共鸣，甚至引起了党和国家最高层的注意。半年左右时间里，《中国青年》杂志共收到6万多封来信，工矿企业、机关学校，许多人热议之、感叹之、自比之。

其实，这封信是《中国青年》杂志根据当时北京第五羊毛衫厂青年女工黄晓菊的来信和北京经济学院二年级学生潘祎的来信综合编成的，他们二人的来信对人生的迷茫、不解、追问，代表了那个阶段许多年轻人的心理，编辑部决定合二为一，编辑成一封信公开发表，还从他们二人的名字中各取一字，署名"潘晓"。

"潘晓现象"持续了半年之久，在中国社会产生的思想涟漪荡漾至今。据黄晓菊后来回忆，一夜成名的她社会活动骤然增多，"许多大学生纷纷请我参加活动，和我共同讨论萨特"。由此可见，中国问题的"萨特"因素和"萨特"问题的中国因素产生了化学反应，"萨特"成了"潘晓现象"的酵母。正是在这次众目睽睽之中，"萨特"接过柳鸣九先生交付的"签证"和车票，登上了中国社会思想解放的列车，跑遍全国城乡。

萨特当感谢柳鸣九。

柳先生的确独具慧眼、独运匠心。萨特是有中国情结的，他曾经来过北京人民大会堂，到过天安门城楼。柳鸣九把萨特"请"到中国，算是遂了这位法国哲学家的遗愿。

萨特具有超高的文学成就和较高的哲学成就，不光在哲学著作中表达"自由选择"观，还通过《自由之路》《间隔》等文艺作品表达"自由选择"的主题，使他的哲理思想插上了艺术的翅膀，文学充满哲理、哲学充满文化。萨特，这位资产阶级的批评者、社会主义的同情者、共产主义的同路者、1964年诺贝尔奖的拒领者，在柳鸣九的躬引下，走进了中国，也使西方哲学走向了中国大众，做了一次中国人的心理医生和心灵钥匙。

"萨特"走红中国，是改革开放之后一个显著性的文化事件，对外文化交流中一个标志性的文化现象，在中国社会的思想星空划出了一道绚彩。柳鸣九先生也因此被学界誉为"中国萨特研究第一人"。时至今日，许多介绍萨特的书籍文章，包括互联网上的"百度"搜索、360搜索等关于"萨特"的条目资料，大多引自柳鸣九先生的《给萨特以历史地位》一文。

一把"法国钥匙"能打开千万把"中国锁"，是因为这把钥匙可以为人类所共有、对中国有启示。萨特的"自我选择"哲学是对个体意识的承认、尊重、强调，契合了走向改革开放的中国人在个体精神和主体意识上的苏醒。遍地的"小确幸""小浪漫""小梦想""小人设"，让中国社会充满生机。

纵观中国改革开放的历程和中国社会的民主进程，如果没有个体意识的渐醒、个性特征的张扬、个人价值的实现，就不会有主人翁意识、主观能动性、人民主体地位、公民权益的被尊重，也不会有"我的青春我做主""有体面的劳动、有尊严的生活"，更不会有"人民的梦""中国梦"这些热词的涌现。没有个体的设计就没有社会的构想，没有个人的梦想就没有民族的梦想，没有个体意识的唤醒就没有国家精神的重构。社会主义核心价值观的24个字，正是融合了国家、社会、个体三个层面目标的产物。试想，一群浑浑噩噩无所向往的个体能够支撑起一个生机勃勃兴旺发达的社会吗？为社会发展而自我设计，为国家崛起而自定目标，为实现民族复兴而实现自我价值，是文明的标尺、进步的标杆、民主的标志。

"萨特"这把钥匙也重启了尘封的中国文化之门。无论是《左传》里"立德""立功""立言"的"三立"，还是北宋大儒张载"为天地立心，为生民立命，为往圣继绝学，为万世开太平"的"横渠四为"，中国人传统精神中的自立、自主、自强意识从来就有，但长期以来受到压抑，甚至在不知、不觉、不敢、不愿中散失弱化。当然，中国公民个体意识的增强并不只是法国公民萨特的功劳，它是中国的民主意识与萨特的自我意识进行文化交流、精神对撞之后的能量释放，是人性的共有、人类的共情。当然，更不仅仅是柳鸣九一己之功，他只是一个有先见、远见、深见的学者在合适的时机做了一件有先见、远见、深见的事情，或者说，他只是一个推销法国"萨特牌"钥匙的中国代理。

但必须承认，柳鸣九对萨特的理解超过一般人。萨特即我，我即萨特，柳鸣九似乎从萨特身上找到了自己的影子，惺惺相惜。为萨特宣介，为萨特辩白，为萨特注释，不遗余力。萨特是一把钥匙，柳鸣九也是一把钥匙，一把"中国式钥匙"，他让我们知道除了物欲、功利，还有一种存在叫"精神"；他让我们知道了要在生动实践和火热生活中实现自我的价值，完成人生的设计，不要当社会的旁观者、时代的冷漠者。

开门之后，人们往往忘记了钥匙的存在。柳鸣九先生并没有想过被人惦记，就像萨特很快被人淡忘。他在自我的欣慰中从容地老着，在晚秋的丰收中执着地写着，青丝被岁月洗白，皱纹写满沧桑，淡泊得如一把不声不响的钥匙，生着锈，等着老。尽管不再光鲜时新，却依然有棱有角，有凸有凹，槽齿分明，随时可以启用。

柳鸣九不仅是满腔热忱的引荐者，还是训练有素的质疑者、充满锐气的批评者。

20世纪三十年代，苏联主管意识形态的领导人日丹诺夫曾做过一个政治报告，认为欧美文化是"反动、腐朽和颓废"的，作品的主人公都是"骗子、流氓、色情狂和娼妓"。这种"日丹诺夫论断"长期以来主导着苏联的文化领域，也深深地影响着中国对欧美文学的态度，如果不进行彻底批判，外国文学就很难走进中国，人类文明的交流互鉴就是一句空话。站在外国文学研究制高点上的柳鸣九看到了这个肯綮。不越过这座冰山就难以领略大海，不铲除这个障碍就难以步入新境，他暗下挑战"权威"的决心。但是，对政治家的批判要有政治的胆识，对思想家的诘问要有思想的利器，对文化故垒发起冲锋要有文化的战略定力和战斗实力。

经过数月的充分准备，在中国社科院外国文学研究所所长冯至先生的支持下，柳鸣九于1979年在广州召开的第一次全国外国文学规划会议上，做了一个长达五六个小时的长篇发言，题目就叫《西方现当代文学评价的几个问题》。他站在马克思恩格斯文艺理论的立场上，对长期占据主导地位的"日丹诺夫论断"发起猛烈批判，犀利深刻，锐不可当。外国文学所随后在《外国文学研究》杂志上组织起系列讨论，对柳鸣九的观点进行呼应，起到了打破坚冰、解放思想的作用。这一套"组合拳"在中国的外国文学研究领域具有里程碑意义。从这个意义上说，柳鸣九又是一位挑战者、拓荒者、清道夫、建树者。

柳鸣九先生长期担任中国社会科学院法国文学研究室主任、中国法国文学研究会会长，享有最高学术称号"终身荣誉学部委员"，无疑是外国文学研究领域的代表人物、领军人物。他主持的许多工作、创造的许多成果具有开拓性、独创性和突破性意义。他研究雨果、左拉、蒙田、卢梭、加缪、司汤达、巴尔扎克、罗曼·罗兰、萨特等的文章，翻译雨果、莫泊桑、都德、梅里美、加缪、圣埃克苏佩里等的作品，成为一个个文化标志，有的甚至产生了"现象级"影响。

1981年11月，柳鸣九首次访问法国，拜谒了萨特墓，拜访了萨特的终身伴侣、著名作家西蒙娜·德·波伏瓦等文学大师，同她就萨特的有关话题进行了深入的访谈、交流。法国之行，加深了柳鸣九对法国文学的理解和感情，法国文学中关于人的解放的人文思想，追求社会公平合理的启蒙思想，同情劳动人民的人道主义精神等，以及各种文学流派源泉、艺术风格，洋溢着的浪漫情怀和艺术表现力，吸引着柳鸣九向纵深处走去。

移步换景，柳暗花明，柳鸣九一边尽情地欣赏，一边勤奋地笔耕，风景美不胜收，成果累积如山，蔚为大观，有一种阿里巴巴闯进了藏金洞的收获。他痴迷于异域文化，不计其他，像一位苦行僧，风雨不动地坚守几十年，虔诚地行走在人类文明的欧洲丛林。他的一篇篇文艺评论、评介引起人们的关注，成为不少法国文学爱好者入门的钥匙，也成为法国作家、学者走进中国的钥匙。

柳鸣九有自己的文化理念，那就是"为丰富社会的人文书架而做贡献"。他坚信。尽管这个世界芸芸众生利来利往、名来名去，但"人文书架"依然是国人"精神骨骼"的支撑；他笃信这个速朽的时代、速忘的时代、速食的时代，要拂却的是虚浮，能沉淀的是经典，仍然是一个需要经典、需要人文精神的时代。于是，他像一头辛勤的老黄牛，在文学创作、文学翻译、文艺理论、文学编著四大领域耕耘播种，既有"喜看稻菽千重浪"的欢欣，也成就了自己作为著作家、翻译家、研究家、编辑家的权威地位。他主编的《法国文学史》《法国二十世纪文学译丛》《外国文学名著经典》丛书、《雨果文集》（20卷）等，翻译的《雨果论文学》《莫泊桑短篇小说选》《都德短篇小说选》、加缪的《局外人》等相继出版、再版，15卷本、600多万字的《柳鸣九文集》问世，各类独著、编著、译著达三四百种，各种文集、选本、丛刊、丛书门类繁多，堆起来，像山。书山字海、经典迭出，柳鸣九不是"著作等身"，而是著作"超"身了。每每有人以此恭维柳鸣九，这位谦逊、自信倔强的湖南人会说："我是一个矮个子。"

愚公移山不容易，柳公造山更不容易，因为建构总比解构难，何况建造的是气势雄浑、气象万千的文化之山、思想之山、精神之山。"积土成山，风雨兴焉"，柳鸣九构建的文化大山有参天大木、深涧悬崖，也有涓涓细流、雾歇鸟鸣，留得住脚步，搁得下心灵，可以作为当代中国人安顿心身的度假村。

近年来，柳鸣九致力编书，自成风景，渐成气候，是名副其实的编辑大家。他主编的《本色文丛》尤其值得一说。作为擅写散文的学者，柳鸣九推崇学者散文，试图萃取一批"言之有正气、大气、底气、骨气"的文化散文，他认为英国的培根、美国的爱默生等，法国的孟德斯鸠、蒙田、伏尔泰、狄德罗、卢梭、雨果、左拉、法朗士、萨特等，既是学者，又是散文大家，作品值得深读细研。具有世界文学视野的柳鸣九决心打造一批中国的学者散文和散文学者，并给出了一个鲜明定位，即"本色"。于是，一艘名为"本色"的文化大船起锚出发了，船头上站立着一群学者，他们的名字分别叫真实、朴素、真挚、深刻、广博、卓绝、独特等，他们手里攥着的船票上分别写着知性、学养、见识、哲思、责任、智慧等，而柳鸣九本人则是这条船上的水手，一会儿用力撑篙，一会儿奋力划桨，一会儿全力掌舵，忙得不亦乐乎。目前《本色文丛》已经出了四辑共计三十多册，作者都是各有造诣、享誉国内的学者型作家、作家型学者，丛书既受读者追捧，又受学者青睐，这种景象说明有品质的精神、有品位的文化依然是这个社会的需求。这令柳鸣九这位中国的"西西弗"多少有些欣慰和自得。

拿起笔来是国王，放下笔来是草民，这大概是柳鸣九的人生境界。柳鸣九思维活跃，像一架开启的全天候雷达，不停地转动、扫描、捕捉信号。他关心时局、关心社会、关心学界，有一颗匡时济世之心。他评价自己是"思想不规范，但言行不出格"，但我还是想修改一下，我认为他是"出格"但不"出轨"，像一个写毛笔字的小学生，偶尔把点横撇捺胳膊腿儿伸到米字格外面，是正常现象，但还是字正体端、棱角分明，不写错字。柳鸣九有时候一些想法也不一定正确或者完善，有时候又过于谨慎小心而略显局促，有着典型的文人之气。但是他对文人的认识、对文化现象的认知，是入木三分的，批评是有劲道、有力度的。他像一位园丁，不断地整枝剪叶、删繁就简，刈除野花、锄除恶花，不断地薅除疯长的恶俗之草、泛滥的媚俗之草、丛生的低俗之草，力图清出一亩三分地，让圣洁高贵之花有自由清新的成长空间。尽管他也深知，他的这些劳作也许是白费力气，于世无益、于事无补，但他依然在推石上山、乐此不疲。他在学术领域王气侧露、霸气十足，底气充盈、锐气逼人，用他湖南老家的话说叫"霸得蛮"。这种王气、霸气、底气、锐气来自他的精修深造和性情耿直。一如盘旋的老鹰鸟瞰大地，一如山巅的寒松俯视层峦叠嶂。目光深远不等于目空一切，居高临下不等于居高自傲，孤芳自赏是自信的前提，并不等同于否定他人。他有思想、有锋芒，敢于建树、敢于挑战，却不是一个争荣邀宠、贪功占利的人，当然他也很敏感而且很有尊严，傲骨铮铮，风骨凛凛，守护着自己的学术王国，守卫着自己的庄稼、收成，呵护着自己的秧苗、嫩芽，坚守着自己为人的准则、底线，不容藐视、践踏。人不可有傲气，但不可无傲骨，"轻骨头"绝不是文化的本质，文化人的骨头最硬、最重。有风骨的文化是有力量的思想，文化的风骨保有着文化的本色。我们应该尊重有风骨的文化、敬畏有文化的风骨。失去文化坐标的行动容易走偏，缺少文化底蕴的构建容易崩塌，没有文化胸怀和文化视野的思想容易偏狭。文人的价值在于文化的贡献，柳鸣九为我们创造了一个中国知识分子的经典样本。

生活中的柳鸣九是一位闲淡隐逸之士，一个名利淡泊、与世无争、清静有为的谦谦君子、优雅名士，好用"阁下"尊称对方，用词谦和讲究，平和中有智慧，平淡中有深意，令人回味和咀嚼。有一句公益广告词说得好，"30度，45度，60度，90度……这不是水的温度，是低头的角度"。柳鸣九不是能向任何人都鞠躬90度的人，甚至也不一定能弯到60度，但绝不是微倾一下敷衍客套应付之人，45—60度是他礼敬他人的常态。

柳鸣九写过《名士风流——中国两代西学名家群像》一书，叙述和评价了令他所敬重的冯至、李健吾、朱光潜、卞之琳、钱锺书、杨绛、马寅初、何其芳、蔡仪、郭麟阁、吴达元、杨周翰、罗大冈、何西来等文化名士，有的是他的恩师，有的是他的领导，有的是他的同事，但都是学养深厚、成就显著、才大德高的大家。他的追忆文章写得真挚、深情、客观、理性，譬如他佩服钱锺书先生的博闻强识、旁征博引，认同何其芳先生的"提出问题是为了解决问题"，景仰朱光潜先生高贵的精神人格、纯粹的学者风范，感激蔡仪先生的伯乐相马之恩，等等，他们都得到了柳鸣九的礼敬。评价他人也是评价自己，从这些纪念文章中我们不难反观柳鸣九的价值取向和人格力量。谦逊是一种修炼、一种气度、一种风范、一种睿智，是一种落落大方的人生状态。他好用法国17世纪思想家布莱兹·巴斯喀尔"会思想的芦苇"来自喻，脆弱却有自重。他喜不形于色，怒不表于言，从不蹈之舞之、张之狂之，遇到冒犯、轻薄，耄耋之年的他最大反抗和愤怒常常是"再也不给你们写稿了"或者"这是我给你的最后一篇稿子"。在语言暴力泛滥的今天，这种"柳式反抗"显得多么苍白绵软而又文质彬彬，但有力量。

柳鸣九十分看重亲情，用饱蘸情感的笔墨记述了作为一位父亲对儿子、一位祖父对孙女的爱恋深情。他如过电影一般回放着儿子柳涤非从呱呱坠地到远赴美国求学创业、成家立业的过程，不无遗憾地讲述儿子十年未归、离多聚少的思念和牵挂，不无痛楚地倾诉了老年失子的心境，以及反复追忆远在美国的儿子留给人世间的最后一句话，是告诉前来的急救车救护人员："不要开灯，不要拉警报，我的女儿睡着了。"绵绵眷眷、凄凄切切的思念，白发老父笔悼黑发亲子，该是人间最悲苦的心境了，而柳鸣九一句写纪念文章"是为了给小孙女留一个她爸爸的记忆"，让人读到一位老人内心的强大与高尚，令人濡目。

儿子走了，却为柳鸣九留下了一个可爱的小孙女，那是他内心深处的柳暗花明。小孙女名柳一村，2003年出生在美国，虽然远隔重洋，但老祖父对小孙女的那份爱却飞越万水千山、穿透地幔地核，像岩浆一样炽热。2004年5月，小孙女回国，老祖父对小孙女爱不自禁，写下一篇意趣横生而哲理深伏的美文《小蛮女记趣》，不胫而走，成为他的散文代表作。2006年，由柳鸣九翻译的法国作家圣埃克苏佩里的童话作品《小王子》出版，扉页上留下一行字"为小孙女艾玛而译"，简洁却深情。十年后，《小王子》以新面目出现在读者视野，是老祖父柳鸣九翻译、小孙女柳一村插画的共同作品，五十多幅充满童趣和神奇想象的画作给了这部作品新的意境。老祖父特地写代序、作后记、附散文，穿靴戴帽，隆重包装，有满满的欣慰、淡淡的遗憾和闪闪的泪光，情透纸背，心在泪中。平日里，老祖父呕心沥血地写字著文，自己几无消费，为孙女积累了一笔不菲的稿费，以确保她将来能受到良好的教育，替儿子完成他未竟的义务。但愿这位华裔小才女能时常记得她的祖国、她的祖父、她的"祖屋"，记得她才华横溢成绩卓著而爱心深沉的老祖父，在须发皆白地巴望着她的归来，哪怕是一个暖心的电话。要知道，这位开启过许多人心灵的老祖父，如同一把家门的钥匙，一把能开启亲情之门、人生之门、事业之门的钥匙，正生着锈，在等她。

译作《小王子》是柳鸣九献给小孙女的，也是一本让成人读的书，因为其中蕴藏着丰富的成人思辨和生态哲理。《小王子》所体现的地球意识、人类意识、全球关切、共同命运构想，超越了宗教纷争、民族矛盾、地域冲突、国别界限、种族差别、阵营隔阂，"小王子"是世界的童心，是人类的本心，是地球的初心。"现象"只要存在，"问题"只要存在，作品就会永恒，经典就会保值。《小王子》表达的思想，是开启人类共同命运之门的钥匙。从这个角度看柳鸣九，他一身轻松地从小爱走向了大爱。

柳鸣九真的有着人间大爱。他有另外一个孙女，虽然没有血亲。

她叫晶晶，是安徽保姆小慧、小艾夫妇的女儿。小慧在柳家服务了四十年，无微不至地照顾柳鸣九先生和他的夫人、研究英美文学的学者朱虹先生，朝夕相处，情同一家人。小慧在柳先生、朱老师家结婚，晶晶在柳家出生、成长，在柳先生帮助下在北京读书，在柳先生资助下赴美国的大学攻读生物医学专业。柳先生甚至留下遗嘱，百年之后将房子馈赠小慧一家。2017年3月中旬，柳先生小恙住院，晶晶从美国回来，专门去看爷爷。这份爱的涓滴在相互浸润，让人心暖，是一份经得住时间考验的人间真情。

我经常拜访柳鸣九先生位于北京城东二环护城河边上的家。这是一栋极其普通、老式的住宅楼，隶属于中国社会科学院，楼上楼下住着一批从事俄国文学、法国文学、德国文学、英美文学等研究、翻译工作的著名大家，以及文艺评论大家，许多人的名字出现在书籍和课本上，这里曾经是京城最有文化含量和知识分量的民宅之一。当年我作为工科男，曾痴迷于外国文学，读过一些后来才知道是柳鸣九先生翻译的法国作品，不曾想到日后还能多次登门拜访、聆听教诲，更没有想到会受先生之命写这篇"序"。

每一次与柳先生会面，都是心灵的滋养。有的时候是我主动去探望，提前预约，不敢打乱了他的作息时间；有的时候是他打电话来约，问"阁下是否有空"。有一次我提前到了，先生见面的第一句话竟然是为没有来得及刮胡子而表示歉意。

先生鹤发童颜，一脸的儒雅、和善、慈祥，聊时政，讲文化，谈写作，说人事，思维迅敏而缜密；深居简出，粗茶淡饭，一切清清爽爽、简简单单、从从容容，是先生的生活常态；家徒四壁，唯有书墙，饰以小孙女的画作，一台电脑或闪现着字符或放着舒缓的轻音乐，如舒曼的《梦幻曲》等，是先生的生活场景。我登门拜访过102岁时的杨绛先生，她住在城西北的三里河，杨、柳两家互有关切。柳先生的家同杨先生的家都在三楼，有诸多的相同，简朴、舒适，书多、雅静，满室的清辉，一屋的淡泊，像20世纪80年代的旧照片，没有那么纷繁的背景色，没有那么杂乱的工艺品，但让你感受到一种平静的力量、强大的气场，只是杨绛先生书桌上多摆了两副助听器，她会说，一副好用，一副不好用。一样的书香四溢，一样的宁静雅致，一样的娓娓道来，只有从容在从容中信步，自在于自在中闲谈。柳先生除了吃饭、睡觉、散步，就是伏案读写，甘坐冷板凳，长年磨剑，笔耕不辍，在方块汉字和法文字母间垒砌文学的高楼和文化的桥梁，让我想起刘禹锡的《陋室铭》，想起鲁迅先生的"躲进小楼成一统，管它春夏与秋冬"。柳先生甚至常常门窗不启、窗帘紧闭，像是生怕满屋的书香、才气、灵感从哪个门缝窗隙中溜走，自己却在上午时分溜进楼后的小院里，走几步。

记得2014年10月15日习近平总书记主持召开文艺工作座谈会后，我去看望柳先生，说起总书记提到许多世界文化名家大师，其中有法国的拉伯雷、拉封丹、莫里哀、司汤达、巴尔扎克、雨果、大仲马、小仲马、莫泊桑、罗曼·罗兰、萨特、加缪等，柳先生显得十分兴奋，连称"没有想到"；记得2016年5月从陕西延安梁家河村回来，我告诉他，去看过总书记插队时住过的三孔窑洞，年轻时候的习近平在窑洞读过大量经典名著，先生连称总书记是文化人；记得2016年5月17日总书记主持召开哲学社会科学工作座谈会后的某一天，我拜会先生，他对总书记说的"这是一个需要思想并且一定能产生伟大思想的时代"非常认同，还谈到18世纪法国启蒙文学思潮和美国作品《汤姆叔叔的小屋》等，对社会进程产生过重大影响。不管是他说我听，还是我问他教，他总是一位认真的倾听者、一位敬业的布道者，我像一个虔诚的受业者。他寥寥数语、画龙点睛，让我有思有悟、心灵受洗。知道我在研究学习某一朝代的历史，先生送我一本由他主编的法国思想家伏尔泰的著作，命我一定要读读其中的《路易十四时代》。先生的15卷本《柳鸣九文集》出版后，他在每一本书的扉页上，都亲笔写下一言相赠，且各不相同，如"洛阳亲友如相问，一片冰心在玉壶。——思想不规范、言行不出格的老朽一个""伏尔泰曰：'耕种你们自己的园地要紧'，我是此言的信奉者，执着与超脱、自律与自私，皆出于此""以诚善为本，以礼义相待，致成忘年莫逆之交，柳老头生平一大幸事也"，等等，总共15句，既是人生感悟，更是勉励赐教。先生像一把钥匙，为我打开一扇又一扇的门。先生还告诉我，他的"中国梦"是用五年的时间，把雨果的一些作品再重新翻译一次。

那年，陪先生于桃之夭夭的三月，在北京的明城墙根下晒太阳、过"桃花节"；偶尔，陪先生到国家大剧院、保利剧院听音乐；偶尔，陪先生在他家楼下的肥牛火锅城吃饭，给他一个买单的机会，他会点上一桌让你吃不完的菜然后让你吃不完兜着走；有时候他点名去崇文门国瑞城的"汉口码头"酒家，点吃湖南人、湖北人都喜爱的红烧甲鱼；有时候他在家铺满一桌马克西姆餐厅外卖的西点，或者外卖的红烧甲鱼。其实我知道，年事已高，血糖也高，牙齿稀松，吃不了两口的先生，只想看着我吃个痛快。

无论身处喧嚣还是独处一隅，先生总是那样宁静和沉醉，仿佛众生不在、市声退去，有如深山古刹间一僧者、一智者、一慧者正打坐入定，在静观凡世、悲悯苍生。

高贵者最寂寞，思想者最孤独。淡泊中的先生却并不寂寞孤独，他的心中有着万千丘壑、百态人生，他的笔下鲜活着那么多名人巨擘和灵动的思想，他的作品有成千上万的研究者、读者在研习。那次，陪先生在国家大剧院听音乐，后座一位中学生得知这位白发苍苍的老爷爷竟然就是课本中法国名著的翻译者，兴奋不已。那次，推着轮椅中的先生徜徉在西西弗书店，一位母亲带着孩子正在购买先生翻译的《小王子》，轮到先生兴奋不已了。

坐看云卷云舒，静听花开花落，远观日出日落，近瞰潮起潮降，柳鸣九先生像那个遨游在七颗星球之间的"小王子"，既辛勤，又超越。法国作家都德的《最后一课》中，那位韩麦尔老师告诫他的学生们说，只要牢牢记住他们的语言，"就好像拿着一把……钥匙"。

萨特是一把钥匙，柳鸣九也是一把钥匙。你需要或者不需要，它都在那儿。

写完这篇不敢妄称为"序"的读后感，我忽然意识到，先生这是在导读我，命我补上法国文学学习这一课。

做完此文，呈先生审阅。先生未改一字，拱手示意：同意。

学生深以为谢，谨记师恩。

2017年6月18日于北京

补　记

刘汉俊

再阅此文时，88岁高龄的柳鸣九先生正躺在家中，他刚从医院回来。那天，我去北京同仁医院看望住院数月的他，在疫情防控严格、亲友无法探视，连小慧都无法陪护的情况下，迷糊中的先生唯一清醒的感觉，是寂寞。听到我的声音，老人急促地动弹起来，喉咙发出急促的声响。脑梗压迫着视觉神经，他只能凭残存的听觉来辨认这个世界了。持续反复的高烧，也一再蚕食着这最后的听觉。帕金森病导致他的双手不停地抖动，像在敲击电脑键盘。这几年，翻译《包法利夫人》的100岁的许渊冲走了，翻译《红与黑》的85岁的罗新璋走了，翻译《卡夫卡全集》的85岁的叶廷芳走了，只有住在楼上的也是80多岁的翻译家宁瑛偶尔来看一眼，颤巍巍地来，依依不舍地走。征得医院的同意，小慧执意把老人接回家中伺候，一如既往地像亲生女儿一样悉心照料老人，事无巨细，没日没夜，不嫌脏累，唯愿老人好起来。奇怪的是，老人在医院里连日高烧，连医生都觉得棘手，回到家里体温却渐趋平稳了。

毕竟风烛残年，柳先生脆弱得像一根干草了——一根正在枯萎的芦苇。

但是，柳先生是一根"会思想的芦苇"。这是他在一本散文里的自喻。

唯愿柳先生好起来。

补记于2022年9月底

（作者系"学习强国"总编辑）